KB200860

말씀암송이란 무엇인가?

1. 말씀암송은 말씀이신 하나님을
내 안에 모셔들이는 영적 예배다. 요 1:1 ; 롬 12:1

2. 말씀암송은 생명의 성령의 법이
나를 주관하게 하는 순종훈련이다. 롬 8:2

3. 말씀암송은 성령의 권능을 받기 위한
즐거운 영적 근력운동이다. 행 1:8

4. 말씀암송은 하나님을 내 안에 모셔들이기 위한
거룩한 작업이며 즐거운 수고와 노동이다. 롬 12:11 ; 시 126:5

5. 말씀암송은 성령의 검을 갈고 닦기 위한
성도의 영적 무장 행위다. 엡 6:17

6. 말씀암송은 성도에게 복을 내려주시기 위한
하나님의 특명이다. 신 28:1-6

7. 말씀암송은 온유한 자녀를 얻는
말씀암송태교의 핵심 코스다. 시 139:13

8. 말씀암송은 하나님 중심 자녀교육을 위한
부모의 필수 기본 조건이다. 잠 22:6

9. 말씀암송은 자녀교육을 위하여 부모에게 내리신
하나님의 지상명령이다. 신 6:4-9

10. 말씀암송은 성도의 마음을 기쁘게 하고
눈을 밝혀주는 영적 보약이다. 시 19:8

11. **말씀암송**은 천국시민권자에게 주어지는
자랑스러운 특권이다. 빌 3:20

12. **말씀암송**은 홍수에도 휩쓸리지 않을
믿음의 집 초석을 놓은 작업이다. 롬 10:17

13. **말씀암송**은 모든 병을 고쳐주는
만병통치약 '사랑소'의 촉진제다. 막 16:18

14. **말씀암송**은 자신감, 집중력, 자제력, 창의력의
보물창고 만들기다. 시 119:9

15. **말씀암송**은 하나님과의 영적 사귐을 위한
큐티의 필요조건이다. 수 1:8

16. **말씀암송**은 날마다의 암송가정예배를
드리기 위한 필수 과정이다. 시 128:1-3

17. **말씀암송**은 믿음의 가정을
환하게 밝혀주는 아침 햇살이다. 사 60:1-3

18. **말씀암송**은 성령의 아홉 가지 열매를
거두어들이는 추수 작업이다. 갈 5:22,23

19. **말씀암송**은 사모하는 마음과 갈급한 심령에게 주시는
하나님의 상급이다. 시 107:9

20. **말씀암송**은 주 안에서 새사람으로 태어나게 하는
민족 개조 운동이다. 요 3:3 ; 고후 5:17

말씀암송 자녀교육

말씀암송 자녀교육

| 여운학 지음 |

규장

신인류 탄생을 꿈꾸며

많은 성도가 기억력이 좋지 못한 자신은 암송과는 상관없다고 생각합니다. 핸드폰을 열면 언제든지 성경을 볼 수 있는 세상에 힘들여 암송할 필요가 뭐 있느냐면서, 차라리 그 노력으로 성경을 읽거나 쓰는 것이 낫겠다고 큰소리치는 젊은이들이 있습니다. 사모가 암송학교에서 어린 자녀와 함께 열심히 말씀암송을 훈련하여 7주 만에 100절을 줄줄 암송하는 것을 보면서도, 자신은 암송하지 않아도 되는 듯 관심조차 보이지 않는 젊은 교역자들도 있습니다. 그런가 하면, 자신이 암송하는 것만으로 즐거워하는 집사, 권사들도 있지요.

"맛을 보고 맛을 아는 샘표간장"이라는 말을 나는 즐겨 씁니다.

주의 말씀의 맛이 내게 어찌 그리 단지요 내 입에 꿀보다 더 다니이다

시 119:103

이 달고 오묘한 말씀을 내 속에 모셔들여서 말씀과 늘 동행하면 영적으로 풍성한 은혜 속에 살며, 참지혜와 참지식을 소유하여, 참자유와 참기쁨을 누리며 살 수 있습니다. 나아가 보혜사 성령께서 성도가 가야 할 길을 가르쳐주시고, 마땅히 해야 할 말을 생각나게 하시므로, 암송을 잘하는 어린이는 기도가 달라지고 생각이 올바로 바뀌어 하나님 중심으로 말하고 행동하게 됩니다.

또한 하나님의 말씀이 마음의 중심을 차지하므로 사춘기의 방황이 말끔히 사라지고, 집중력과 자신감이 생겨서 학교 성적이 절로 오르게 됩니다. 자폐증으로 학교에서는 왕따를 당하고 집에 와서는 문을 닫고 엄마와 대화를 하기 싫어하던 아이가 말씀을 암송하면서 자신감을 갖게 되고 마음에 기쁨을 맛보면서 엄마와도 친숙해지고, 학교에서는 학급 부회장으로 뽑히는 기적 같은 일이 일어나고 있습니다.

보혜사 곧 아버지께서 내 이름으로 보내실 성령 그가 너희에게

모든 것을 가르치고 내가 너희에게 말한 모든 것을 생각나게 하리라

요 14:26

자녀를 키워본 사람은 누구나 조기교육早期教育의 중요성을 절실히 느낄 것입니다. 인간은 교육을 통하여 인간다워집니다. 그 교육의 시기가 빠르면 빠를수록 효과가 더 잘 나타나지요. 아이의 성품은 3살 이전에 형성된다고 하는 세계적인 학자의 학설을 나는 성년이 되어 처음 배우면서 얼마나 낙심했는지 모릅니다.

'내가 아무리 노력해도 내 성품은 바뀔 수 없다는 말인가?'

그러나 성경을 통해서 성령의 역사로 거듭날 수 있다는 희망이 생겼습니다. 그럼에도 불구하고 성령충만하지 못한 탓인지 나의 성내기를 잘하는 온유하지 못한 성품은 자기와의 싸움에 피투성이가 될 지경임에도 아직도 바뀌려면 한참 멀었습니다.

이렇듯 나만 홀로 자신의 부족함에서 헤어나지 못하는 것 같다가도

로마서 7장을 묵상하노라면, 죄성罪性을 가지고 사는 모든 인간의 한계를 깨닫게 됩니다.

내 속 곧 내 육신에 선한 것이 거하지 아니하는 줄을 아노니
원함은 내게 있으나 선을 행하는 것은 없노라 롬 7:18

그러나 놀랍게도 최근 10년 동안 말씀암송태교로 태어난 아이들을 보면, 모든 아이들의 품성稟性이 온유한 것을 봅니다. 품성稟性이란 태어날 때 가지고 나오는 선천적 성질로서, 그 품성은 생후 훈련으로 변화시키지 못한다고 국어대사전은 밝히고 있습니다. 그렇다면 우리의 자녀가 온유한 품성을 하나님으로부터 하사받고 태어나도록 하는 것이 기성세대의 사명이요 책임이 아닐까요.

사람의 머리는 신비합니다. 나는 초등학교 들어가기 직전에 벽시계를 보면서 어머니로부터 딱 한 번 "1시간은 60분이며, 12시간이 두 번 지나가면 하루가 되고, 한 달은 30일이나 31일이고, 열두 달이 지나면 1년

이 간다"라는 말을 듣고 매우 신기하다는 생각을 했고, 이 시간 개념을 70년이 지난 지금도 기억하고 있습니다. 중학교 때 30리 길을 아버지와 함께 걸으면서 배운 함양 여呂씨 28대 족보를 근세 조선조 왕계보를 "태정태세 문단세…" 식의 7언구로 암송하듯이 "어림자상 위문극…" 식으로 암송한 것을 오늘까지도 기억하고 있습니다.

그러나 지금은 금시 악수하면서 들은 상대의 이름을 손을 놓기도 전에 까맣게 잊어버립니다. 성姓조차 기억나지 않는 경우가 많습니다. 그런 기억력을 가진 주제에 말씀암송에 관한 책을 냈고, 암송을 가르치고 있습니다. 유니게과정 5단계 500절은 말할 것도 없고, 《말씀암송 1,000》에 실린 말씀들은 모두 내가 즐겨 암송한 바 있는 말씀으로 구성한 것입니다.

그러나 지금 나에게 이 말씀을 다 암송하느냐고 묻는다면, 대답은 '그렇지 않다'입니다. 요한계시록 1,2,3,22장은 다섯 차례 이상 잊었다가 다시 암송했음에도 불구하고 지금 암송하려고 하면 너무 자주 막힙니다.

그러나 다시 암송하기 시작하면 비교적 쉽게 복원이 됩니다. 더욱 안

타까운 것은 나는 그간 개역한글판으로 암송했기에 새로 나온 개역개정
판으로 암송하려면 얼마나 힘이 드는지 모릅니다.

> 오늘 내가 네게 명하는 이 말씀을 너는 마음에 새기고
> 네 자녀에게 부지런히 가르치며 신 6:6,7

하나님께서는 어릴수록 암송을 잘하도록 사람을 창조하셨습니다. 그
리고 자랄수록 암송 달란트는 거두어가시는 대신 생각하고 응용하고 판
단하는 능력을 주셨습니다.

이스라엘 민족은 하나님의 명령에 순종하여 말씀암송태교로 자녀를
낳아서 가정교육의 우선순위를 토라(모세오경) 암송과 가정예배로 삼아
왔기에 2천년 동안 나라 없는 유랑민족으로 살면서도 율법의 말씀을 지
켜왔을 뿐 아니라, 오늘날 미국을 위시하여 온 세계의 경제, 학문, 문화
등을 좌지우지하고 있습니다. 우리는 30년, 60년, 100년을 대비해야 합
니다. 말로만 해서도 안 되고 타이밍을 놓쳐서도 안 됩니다.

부모가 가정에서 어린 자녀에게 말씀을 암송시키며 날마다 어린이 중심의 말씀암송가정예배를 드리는 지속적인 훈련으로 말씀의 생활화가 이루어지도록 하는 일에 일로매진해야 합니다.

교회학교 교육도 암송훈련을 우선순위로 바꾸어야 하고, 그렇게 하기 위하여 먼저 부모와 교사가 암송해야 합니다. 이 책이 그 동기부여에 도움이 되었으면 좋겠습니다.

마땅히 행할 길을 아이에게 가르치라
그리하면 늙어도 그것을 떠나지 아니하리라 잠 22:6

먼저 미숙한 나의 광야에서의 부르짖음을 책으로 나오도록 이끌어주신 하나님께 감사한 마음을 금할 길 없습니다. 갓피플 303비전장학회와 303비전성경암송학교 카페에 수 년간 쓴 칼럼들을 가려 뽑아 다듬어내느라 수고를 아끼지 않았던 김아진 편집장, 최지설 팀장의 공감어린 노고에 아낌없는 박수를 보냅니다. 표지에 소개문을 거창하게 써주신

김응국 편집국장과 303비전장학회 사무장 강신욱 목사, 2기 장학생 한창수 목사와 5기 장학생 강동협 목사, 8기 장학생 김우진 전도사, 엄취선 실장의 기도와 협조에 깊은 사랑을 보냅니다. 끝으로 이를 위하여 뒤에서 뜨겁게 기도해준 아내 배정희 권사, 사랑하는 아들 여진구 규장 대표와 규장과 갓피플 형제자매들, 303비전와이즈맘들에게 두루 고마움을 전합니다.

말씀암송의 신인류 탄생을 꿈꾸며

2009년 8월
여운학 장로

Contents 차례

저자의 글

이 율법책을 네 입에서 떠나지 말게 하며 주야로 그것을 묵상하여

그 안에 기록된 대로 다 지켜 행하라

그리하면 네 길이 평탄하게 될 것이며 네가 형통하리라

여호수아 1장 8절

Do not let this Book of the Law depart from your mouth; meditate

on it day and night, so that you may be careful to do everything

written in it. Then you will be prosperous and successful.

Joshua 1:8

Part 1

암송 하면 좋은 진짜 이유

1장

암송에 대한
잘못된 고정관념

꿀보다 더 단 하나님 말씀

성경은 지식과 지혜의 보고寶庫이며, 진리의 말씀이자 생명의 말씀입니다. 하나님께서 우리로 온전케 하기 위하여 성경을 주셨습니다(딤후 3:16,17). 이 성경의 교훈을 지키고, 책망을 두려움으로 받아들여 바르게 살며, 하나님과의 관계가 올바로 세워지도록 힘쓰는 것이 성도의 본분입니다. 그런데 우리는 성경대로 살려고 얼마나 노력하고 있습니까? 하나님의 말씀을 얼마나 사모하고 즐거워하는지요?

이 율법책을 네 입에서 떠나지 말게 하며

주야로 그것을 묵상하여 그 안에 기록된 대로 다 지켜 행하라

그리하면 네 길이 평탄하게 될 것이며 네가 형통하리라 수 1:8

이 말씀은 모세의 시종이었던 여호수아가 모세의 후계자로 지목받고 두려움에 떨고 있을 때 하나님께서 여호수아에게 주신 말씀입니다. 여기서 율법책, 곧 하나님의 말씀을 입에서 떠나지 말게 하고 주야로 이를 묵상하라는 것은 말씀을 암송하는 것을 전제로 하는 것입니다.

성경 고고학자인 찰스 서어 교수가 교통사고를 당하여 입원했는데, 중상을 입어 의식이 돌아오지 않았습니다. 그런데 무의식 상태에서 그의 입술이 미동하고 있었습니다. 문병을 간 학장이 가만히 귀를 기울여 보니, 서어 교수가 시편 1편을 히브리어로 암송하는 것이었습니다. 평상시 그는 말씀을 즐겨 암송하고 이를 묵상하는 것으로 잘 알려져 있었습니다. 말씀이 그 인격을 지배하고 있었고, 말씀에 나타난 하나님이 그와 함께 동행했으며, 또 그는 말씀 속에 나타난 하나님을 사모했습니다. 그리하여 의식이 없는 와중에도 말씀을 읊조리고 있었던 것입니다.

말씀의 맛에 한번 취하고 나면 다른 어떤 것도 그에 비견할 것이 없게 됩니다. 그리하여 앉아서도, 일어서서도, 누워서도, 틈만 나면 말씀을 읽거나 외우거나 묵상하게 되는 것이지요. 말씀이 내 안에 거하게 되면 곧 나는 말씀 안에 살고, 말씀은 내 안에서 나를 주관함을 경험합니다.

요즘 나는 말씀을 사랑한다고 말하는 사람은 많아도 말씀을 암송하며 주야로 즐겨 묵상하는 사람은 극히 드물다는 사실을 절실히 느낍니다. 암송은 묵상의 필요조건입니다. 성결하고 성령충만한 신앙생활을 위해서 말씀 묵상은 필수불가결한 것이라 믿고 또 그렇게 강조하면서도, 왜 대부분의 목회자와 신학자, 신학생, 성도들은 말씀암송을 멀리하는 삶을 살고 있는지요?

하나님의 말씀의 오묘함을 알게 되면, 무엇보다 먼저 말씀을 내 안에 모셔들이는 일, 곧 암송에 열중하게 됩니다. 이렇게 되면 누가 시켜서가 아니라, 바쁜 중에도 스스로 시간을 내어 말씀암송과 묵상의 삶을 지속하게 됩니다. 하나님의 말씀은 중심으로 사모하는 이에게는 생명의 말씀이요, 진리의 말씀이요, 권능의 말씀이요, 달고 오묘하여 꿀보다 더 달고, 황금보다 더 존귀하게 느껴지는데 반하여, 인간적인 욕심으로 혹은 옳지 않은 목적으로 암송하려고 하는 이에게는 어렵고 껄끄럽고, 부담스럽게 느껴진다는 사실을 알게 되었습니다.

사탄의 치밀한 방해 공작

사탄이 제일 싫어하고 두려워하는 것이 '전도'와 '말씀암송'입니다. 전도는 사탄의 종으로 살던 사람을 하나님의 자녀로 만드는 것이기에 가장 싫어합니다. 또한 말씀암송을 싫어하는 이유는 교회에 출석하는 사람이라도 하나님의 말씀이 자신 안에 없는 성도는 본래의 죄성으로 인하여 사탄의 유혹과 위협에 잘 넘어가기 쉬운 반면, 하나님의 말씀을 암송하고 이를 주야로 묵상하며 적용하는 삶을 사는 성도에게는 사탄의 유혹과 위협이 전혀 먹혀들지 않기 때문에 사탄은 결사적으로 말씀암송의 무용론無用論을 펴며, 말씀을 멀리하려는 인간의 죄성을 이용하여 말씀암송을 하지 못하게 갖은 구실을 찾게 합니다.

어른이나 아이 할 것 없이 세상을 올바로 살아간다는 것은 결코 쉽지 않습니다. 어두움의 권세, 곧 사탄의 공격을 이겨나가야 하기 때문입니다. 에베소서 6장 17절에는 "성령의 검劍 곧 하나님의 말씀을 가지라"라고 말씀하고 있습니다. 하나님의 말씀으로 전신갑주를 삼아야 완악한 세상에서 승리의 삶을 살 수 있습니다. 말씀을 암송하여 이를 주야로 묵상할 때 비로소 하나님의 전신갑주 중 마지막 장비인 예리한 성령의 검을 가질 수 있습니다.

사탄은 영적인 존재이므로 성령님의 칼로만 물리칠 수 있습니다. 보혜사 성령님은 성령의 검으로 사탄을 대적하시므로 연약한 우리를 승리의 삶으로 인도하십니다. 말씀을 내 안에 모시고 사는 성도는 성령의 검으로 늘 무장하고 있기에 안전하며 평안과 기쁨을 누릴 수 있습니다.

그러면 성도의 말씀암송을 방해하는 사탄의 대표적인 속임수들을 살펴보겠습니다.

1. 최첨단 시대에 고리타분한 암송이 무슨 소용이 있느냐?

얼핏 듣기에 일리가 있는 것 같습니다. 그러나 하나만 알고 둘은 모르는 말이지요. 아이들이 초등학교 2학년이 되면 구구단을 암송함으로써 모든 산수 공부의 기초를 갖추게 됩니다. 중학교에 가면 여러 가지 수학의 기본 공식을 암기해야만 대수代數로부터 시작하여 복잡한 미적분까지 풀어나갈 수 있습니다. 수학을 잘하려면 기본 공식을 암기해야 하는 것처럼, 성도가 예수님의 참제자가 되기 위해서는 기본이 되는 성경말씀을 암송해야 된다는 것입니다.

유대인들은 어려서부터 가정과 학교에서 아이들에게 토라(모세오경)를 무조건 암송시킵니다. 오늘날 세계의 모든 분야를 장악하고 있는 유대인들의 자녀교육의 비밀은 암기력이 왕성한 어린 시절에 가정과 학교에서 토라를 암송시키는 데 있습니다.

지금 우리는 신앙의 기본이 되는 말씀의 암송 없이 올바른 신앙생활을 기대하기가 어려움에도 불구하고, 가정과 교회에서 말씀암송훈련을 소홀히 하는 데 문제가 있습니다. 그래서 아이들이 고학년에 올라가고 청년이 되면 신앙에 회의를 품고 말없이 교회를 떠나는 것입니다.

우리가 살고 있는 21세기, 그리고 우리의 후세대들이 살아갈 시대는 환경과 생활양식이 더욱 빠르게 바뀌어갈 것입니다. 그리고 그 변화에 적응하느라 모두 숨차게 달려갈 것입니다. 왜, 어디로 가는지도 모르고 말입니다. 하지만 하나님의 말씀은 변함이 없습니다. 영원토록 변함이 없는 하나님의 말씀으로 돌아가지 아니하면 진리를 지킬 수도, 진리대로 살 수도, 앞서 나아갈 수도 없습니다. 초대교회로 돌아가자는 말은 오직 초대교회 성도들처럼 말씀을 사모하는 갈급한 마음으로 말씀을 암송하고, 그 말씀대로 살자는 것으로 나는 이해합니다.

2. 창의성을 길러주어야지 주입식 암송이 웬 말이냐?

이도 그럴듯하게 들립니다. 암송교육을 반대하는 사람들은 창의성이 없어진다는 것을 큰 이유로 삼습니다. 데살로니가전서 2장 13절은 이렇게 말씀하십니다.

이러므로 우리가 하나님께 끊임없이 감사함은
너희가 우리에게 들은 바 하나님의 말씀을 받을 때에 사람의 말로
받지 아니하고 하나님의 말씀으로 받음이니 진실로 그러하도다
이 말씀이 또한 너희 믿는 자 가운데에서 역사하느니라

하나님의 말씀을 암송하여 묵상하는 사람은 그 말씀이 자기 안에서 역사하시는 것을 체험합니다. 요한복음 14장 26절에는 "보혜사 곧 아버지께서 내 이름으로 보내실 성령 그가 너희에게 모든 것을 가르치고 내가 너희에게 말한 모든 것을 생각나게 하리라"라고 하셨습니다. 성경을 많이 암송하고 말씀을 늘 묵상하는 사람에게는 보혜사 성령께서 지혜와 은혜를 갑절로 부어주신다는 것입니다. 창조적 아이디어Creative Idea는 보혜사 성령님이 주십니다.

그 예로, 나는 말씀을 암송하고 즐겨 묵상하면서 100여 종의 이슬비전도편지, 사랑의편지, 복음편지 등을 개발하였고, 지하철사랑의편지, 회원제 사랑의편지, 각급 새신자통신교육 엽서도 만들었습니다(여호수아서 6장 1절부터 21절까지의 말씀을 묵상하면서 여리고작전, 마태복음 13장을 묵상하면서 옥토화작전을 바탕으로 한 '이슬비전도법'을 개발). 뿐만 아니라 '하니비암송법'을 활용한 이슬비성경암송학교(현 303비전성경암송학교) 유니게 과정을 창설했습니다. 말씀을 암송하게 되면 보혜사 성령께서 항상 함께하셔서 배운 모든 것을 생각나게 하고, 깨닫게 하신다는 요한복음 14장 26절 말씀의 약속 그대로입니다.

3. 성경을 읽고, 배우고, 큐티하면 됐지 어려운 암송은 왜 하느냐?

이런 생각 속에는 사탄의 함정이 있습니다. 말씀암송훈련을 받은 사람들의 말을 들어보십시오.

"이제까지 헛 믿은 것 같아요. 늘 듣던 말씀이 새롭게 다가옴을 느낍니다. 이렇게 기쁘고 즐거운 말씀암송을 왜 이제까지 하지 않았는지 모르겠어요."

한 자매는 이렇게 말합니다.

"그동안 매일 새로운 말씀을 가지고 큐티를 하려다보니, 저도 모르게 매너리즘에 빠지고 말았어요. 전에는 아침에 큐티한 말씀을 붙잡고 하루 종일 묵상하고 싶은 마음은 간절했으나 막상 성경책을 덮고 나면 머리에 아무것도 떠오르지 않을 때가 너무 많았어요. 그런데 이렇게 많은 말씀을 암송하고 보니 하루종일 말씀이 떠나지 않아 얼마나 좋은지 모르겠어요. 솔직히 새로 태어난 기분입니다."

암송을 우선순위로 하면서 말씀을 읽고, 배우고, 큐티를 계속하면 금상첨화錦上添花일 것입니다. 우리는 성경을 암송하기는 멀리하지만 읽기는 비교적 좋아합니다. 그리고 성경을 읽으라는 권면을 많이 받기도 합니다.

그런데 성경을 읽는다는 것도 크게 두 가지가 있습니다. 하나는 갈급한 심령으로 신선한 생수를 마시는 마음으로 읽는 것이요, 다른 하나는 읽기 위해서 읽는 것입니다. 거기에는 함정이 도사리고 있습니다. 겉으로는 읽되 속으로는 눈감고 지나가는 경우가 허다하기 때문입니다. 눈은 성경에 있지만 마음속엔 온갖 잡념이 떠다니는 것이지요.

이런 식으로 읽기만 해서는 실천을 위한 묵상이 불가능하다고 해도 과언이 아닙니다. 무엇보다 말씀의 생활화는 더욱 요원합니다. 다시 말해서, 말씀을 고스란히 내 안에 모시고 살 수 있는 길은 암송 이외에 다른 길이 없다는 것입니다.

4. 어렵게 암송해도 금세 다 잊어버리잖느냐?

사람들은 어렵게 암송한 말씀도 쉽게 잊어버리기에 타산打算이 안 맞는다고 여깁니다. 하지만 주기도문이나 사도신경을 잊어버리지는 않습니다. 반복 훈련을 하면 뇌리에 박혀서 오히려 잊어버리려고 해도 잘 잊히지 않기 때문입니다.

그러나 어렵게 암송한 말씀도 오랫동안 반복 암송하지 않으면 잊히게 됩니다. 다만 일단 한번 암송했던 말씀은 까맣게 잊었더라도 다시 암송하면 비교적 쉽게 암송이 됩니다.

지속적으로 말씀을 암송하고 묵상하지 아니하면 잊히기 마련인데, 이것이 두려워서 암송하지 않겠다는 것은 소화되어버릴 밥을 왜 먹느냐는 말과 같습니다. 또한 타산을 앞세워 암송한 사람, 곧 참이 아닌 거짓 마음으로 암송한 사람에게서 하나님은 말씀을 쉽게 거두어가십니다.

5. 기억력이 좋지 않아 암송은 꿈도 못 꾼다

나는 30대에, 10년 동안 하루에 세 갑씩 담배를 태운 탓으로 기억소가

소멸되어 건망증 환자가 되었습니다. 처음 만난 사람과 악수를 하고 통성명을 한 후 손을 놓기도 전에 상대의 이름은 고사하고 성까지 잊어버릴 정도입니다. 그럼에도 불구하고 주께서 긍휼히 여기사 말씀을 사모하는 마음을 주시고, 끈질기게 암송을 지속한 결과 말씀을 한 시간이고 두 시간이고 암송할 수 있게 되었습니다.

나 같은 건망증 환자도 사모하고 열심을 내니까 되는데 보통의 기억력을 가진 사람이 핑계를 댄다는 것은 말이 안 됩니다. 나의 형수 되는 정정임 권사님은 유니게과정 1기생으로 83세를 넘긴 노령인데도, 창세기 1장, 마태복음 1장과 5-7장을 술술 암송하십니다. 캐나다 한인토론토장로교회의 김창우 장로님은 93세의 노령에도 만 4년 동안 약 500절의 말씀을 토씨 하나도 틀리지 않게 암송하십니다. 이래도 나이나 기억력을 핑계 댈 수 있을까요?

6. 암송할 시간에 전도하는 것이 더 낫겠다

전도는 성도의 의무입니다. 그러나 말씀암송은 신앙생활의 기본입니다. 신앙생활을 건축으로 비유하면 말씀암송은 기초공사입니다. 말씀암송이 없는 어떤 믿음도 모래 위에 지은 집과 같습니다.

또한 전도를 잘하기 위해서라도 암송에 힘써야 합니다. 전도대상자에게 열 마디 말을 하는 것보다 한 마디라도 성경말씀을 전하면 성령의 감동으로 도저히 믿음을 받아들이지 않을 것 같던 사람이 순순히 교회에 나오겠다고 말합니다.

언젠가 나는 믿지 않을 뿐 아니라 기독교를 비난하는 한 젊은이에게 "자네는 너무 부자가 되어서 예수 믿기가 어려울 걸세"라고 했습니다. 그가 "제가 부자라고요?" 하며 반문하기에 "그래. 자네는 젊기에 시간의 부자요, 건강하기에 건강의 부자요, 대학을 나왔기에 지식의 부자라네"라고 말해주자 그는 마음의 문을 조금 여는 것 같았습니다. 그래서 말씀으로 말미암은 나의 신앙 간증을 했습니다.

"그러나 이러한 것들도 초로와 같은 인생의 허상에 지나지 않지. 나도 젊었을 때 나를 믿고 자신만만했거든. 그러다가 디스크로 오래 누워 있으면서 생각하니, 인생이 너무나 허망하더군. 내가 생각했던 나 자신의 실상이 너무나 보잘것없는 존재임을 깨닫게 된 거야. 이제까지 스스로 안다고 생각했던 것이 너무나 초라했고, 아파 누웠으니 건강은 말할 것도 없고, 무능하고 무지한 자아를 발견하자 이제까지 관심밖에 있었던 절대자에 대한 경외심이 생기더라고.

'여호와를 경외하는 것이 지혜의 근본이요 거룩하신 자를 아는 것이 명철이니라(잠 9:10)'라는 잠언 말씀과 전도서 1장 2절에 '헛되고 헛되며 헛되고 헛되니 모든 것이 헛되도다'라는 말씀에 감동되었고, 시편 23편 1절 '여호와는 나의 목자시니 내게 부족함이 없으리로다' 등 모든 말씀에 함몰되고 말았다네. 성경을 읽어가는 사이에 나의 하찮은 자만심은 여지없이 깨졌고, 마음의 평안을 찾게 되었지."

그 젊은이는 심각하게 내 말에 귀를 기울였고, 얼마 가지 않아 예수님을 영접하게 되어 열심히 성경을 읽는 성도가 되었답니다.

7. 말씀을 많이 암송하는 사람의 삶도 별 게 없더라

말씀을 암송하는 사람 가운데 대부분이 말씀을 사모하고 사랑하여 암송을 합니다. 그러나 많은 분량을 암송해서 사람들에게 칭찬을 받게 되면 교만해지기 십상입니다. 그런 사람을 보고 말씀암송을 좋지 않게 말한다면, 그렇게 처신해서 교만해진 사람이나 그 한 사람을 핑계로 말씀암송 전체를 매도한 사람이나 모두 사탄의 궤계에 말려든 것입니다.

2장

말씀암송의
5가지 유익

하나님을 내 안에 모시는 삶

말씀을 암송한다는 것은 '성경책에 기록된 말씀을 나의 심비心碑에 새겨놓는다'는 말로 표현할 수 있습니다. 그러나 나는 그보다도 '말씀이 신 삼위三位 하나님, 곧 아버지 하나님과 성자 예수님과 보혜사 성령님 을 내 안에 항상 모시고 사는 것'이라고 말하고 싶습니다.

그런 점에서 본다면 하나님의 말씀을 암송한다는 것은 신앙생활에서 가장 중요한 일 중 하나입니다. 이는 곧 말씀 자체이신 하나님(요 1:1,14 참조)을 내 안에 모시는 거룩한 작업이며, 기쁘고 즐거운 노동이기 때문 입니다. 하나님의 말씀을 암송한다는 것 자체가 성도의 사명이요, 복이 요, 기쁨이요, 특권입니다.

또한 말씀을 암송하는 가운데 하나님과 동행하는 데서 오는 말할 수 없는 감격과 평안이 있습니다. 이는 세상 어디에서도 얻지 못하는 것입니다. 집에 있을 때든지, 길을 걸을 때든지, 약속 장소에서 누구를 기다릴 때든지, 병상에 누웠을 때든지, 홀로 있을 때든지 항상 하나님과 함께하는 데서 오는 기쁨과 평안을 누릴 수 있습니다. 이런 사람은 외로움에 빠질 수도 없고, 남을 미워하는 마음을 간직하고 살 수도 없습니다. 사람의 눈이 보이지 않는 곳에서도 하나님과 함께 있기에 마음이 든든하며, 행복하고, 정직할 수밖에 없습니다. 나아가 범사에 내 뜻대로가 아닌 하나님의 뜻대로 살 수 있는 열쇠를 갖게 됩니다.

이 외에도 말씀을 암송하면 좋은 5가지 이유에 대해 살펴보겠습니다.

1. 암송하면 큐티만 할 때보다 묵상이 잘된다

기도는 성도가 하나님께 말씀드리는 데 비중을 둔다면, 큐티는 묵상하는 가운데 하나님의 말씀을 듣는 데 비중을 둔다고 말할 수 있습니다. 물론 기도하면서 하나님께 말씀드리는 데 그치지 않고 하나님의 음성을 들을 수도 있고, 성령의 감동으로 하나님의 뜻을 깨닫게 되거나, 혹은 간절히 구하는 것을 주님의 놀라우신 권능으로 응답받을 수도 있습니다.

그러나 큐티와 비교한다면 기도는 기도하는 사람의 말, 곧 찬양이나 간구를 하나님께 올리는 것이요, 큐티는 하나님의 음성에 귀를 기울이는 것이기에 온전한 신앙생활을 하기 위해서 기도와 큐티는 성도의 필수조건입니다.

그럼 큐티의 개념을 다시 한 번 생각해봅시다. 큐티란 말씀의 뜻을 묵상하며, 그 말씀을 통해 나에게 주시는 메시지가 무엇인가를 깨닫고, 나의 삶에 어떻게 적용할까를 생각하여 실제 삶에서 이를 실천하는 것입니다. 이렇게 날마다 큐티를 통해서 한 걸음 한 걸음 예수 그리스도를 닮아가려고 노력하는 가운데 성화聖化가 이루어집니다.

그런데 오늘날 대부분의 큐티를 하는 사람들의 취약점은 성경과 큐티 책을 덮는 순간 그 말씀을 잊어버리고 일상의 자신으로 돌아가기 쉽다는 것입니다. 이런 생활을 거듭하게 되면 큐티는 자신의 삶과는 거리가 멀어지게 되고, 늘 죄책감을 품고 살게 되는 것을 자주 봅니다.

또 한 가지 나의 경험으로는 큐티를 할 때 잡념이 떠오르는 것을 피할수가 없었습니다. 묵상하려고 눈을 감으면 방금 읽었던 말씀은 떠오르지 않고 온갖 잡상이 떠오르는 것입니다. 이것이 나만의 경험은 아닐 것입니다.

말씀을 암송하지 않은 채 아침에 잠깐 읽은 말씀을 하루 종일 묵상하는 것이 가능할까요? 죄성에서 자유로울 수 없는 인간으로서는 오직 하나님의 말씀을 내 입으로 읊조리며, 그 말씀에 정신을 집중할 때만이 온전한 큐티를 할 수 있다고 생각합니다. 따라서 말씀암송은 온전한 큐티를 하기 위한 필요조건인 셈이지요.

또한 말씀을 암송한 사람은 언제 어디서나 말씀 묵상이 가능합니다. 입으로 말씀을 읊조리면서 말씀이 가르치는 뜻을 생각하고, 그 말씀을 나의 삶에 적용하면서 회개도 하고 결단도 할 수 있습니다. 뿐만 아니라, 성령님의 감동으로 이미 암송하고 있는 말씀 중에서 은혜와 지혜의 말씀이 떠오르기도 합니다.

나는 조용히 앉아서 묵상하거나 홀로 새벽길이나 밤길을 산책하면서 암송한 말씀을 묵상하다가 회개의 영이 임하시면 "주여, 긍휼히 여겨주시옵소서" 하며 하나님의 긍휼을 구하기도 하고, 때로는 위로부터 한량없이 쏟아지는 하나님의 은혜에 감격하여 "주여, 감사합니다"를 연발하기도 하고, 때로는 놀라운 삶의 지혜를 문득 깨닫게 되어 "할렐루야!" 노래하며 주의 성호를 찬양하기도 합니다. 이렇게 암송한 말씀을 떠올리면서 묵상하는 것이야말로 온전하고 바람직한 큐티가 아닐까 생각합니다.

2. 암송하면 영이 맑아진다

우리의 건강에 가장 큰 영향을 주는 것은 피라고 합니다. 건강한 피는 색이 맑고, 양이 풍성하며, 유통이 활발합니다. 마음과 영도 마찬가지라고 생각됩니다. 흔히 '마음을 비운다'는 말을 듣는데, 그것은 듣기는 좋고 또 누구나 원하는 바임에는 틀림없습니다.

그러나 사람의 마음은 자기의 의지로 비우거나 채울 수 있는 것이 아님을 우리는 경험을 통해서 잘 압니다. 욕심을 버리는 것이 마음을 비우는 것이라고 할 수도 있겠지만, 자기의 욕심을 버릴 수 있는 경지에 이르려면 아마도 수십 년 수양으로도 어려울 것입니다. 그것은 인간의 바람이요, 욕심일 뿐이고 안타깝게도 인간의 능력으로는 불가능한 일입니다. 바울은 로마서 7장에서 다음과 같은 고백을 하고 있습니다.

내 속 곧 내 육신에 선한 것이 거하지 아니하는 줄을 아노니

원함은 내게 있으나 선을 행하는 것은 없노라

내가 원하는 바 선은 행하지 아니하고

도리어 원하지 아니하는 바 악을 행하는도다

만일 내가 원하지 아니하는 그것을 하면

이를 행하는 자는 내가 아니요 내 속에 거하는 죄니라

그러므로 내가 한 법을 깨달았노니

곧 선을 행하기 원하는 나에게 악이 함께 있는 것이로다 롬 7:18-21

나는 젊은 시절에 《채근담菜根譚》에서 본 "心不可不虛 虛卽眞理來入 心不可不實 實卽物慾不入 마음은 불가불 비워져야 한다. 그래야 그 빈 곳에 진리가 들어올 수 있다. 마음은 불가불 가득 차야 한다. 그래야만 물욕이 들어올 수 없다"라는 말에 심취한 적이 있습니다.

그러나 성경의 진리를 깨닫기 시작하면서 이 격언格言을 다시 생각하게 되었습니다. 절대자의 영, 곧 성령의 도움 없이 인간의 의지와 노력만으로 마음을 비운다거나 채울 수 있다고 생각하는 것은 정말 어리석다는 것을 말입니다.

진리의 말씀을 묵상한 사람이라면, 마음을 비우라느니 비워야 한다느니 하는 말은 함부로 할 게 아니라는 사실을 깨닫게 됩니다. 그럼에도 불구하고 우리의 마음은 맑아야 하고 깨끗해야 합니다. 영이 맑고 깨끗해지면 마음은 저절로 맑고 깨끗해질 수 있다는 것을 믿는다면, 먼저 영이

맑고 깨끗해지는 일에 관심을 기울여야겠지요. 이를 위해서는 성령충만을 받는 일이 전제되어야 합니다. 따라서 마음을 비우자는 말은 성령충만을 받기 원한다는 말로 바꾸는 것이 합당하리라 생각됩니다.

그렇다면 어떻게 해야 영을 맑고 깨끗하게, 즉 성령충만할 수 있을까요? 하나님의 말씀을 내 안에 모셔들이는 일, 곧 말씀암송과 묵상보다 더 확실한 길은 없는 것 같습니다.

말씀을 암송하고 묵상하는 가운데 느끼고 깨닫는 지혜와 은혜는 말할 수 없이 큽니다. 일단 암송한 말씀을 밤이나 낮이나, 누웠을 때나 길을 걸을 때나, 병상에 누웠을 때, 특히 중한 수술에 임했을 때 반복 암송, 묵상할 수 있다는 것은 곧 마음을 비우는 것이요, 진리로 차고 넘치게 채우는 것이라고 믿습니다.

우리의 피가 맑고 깨끗해야 몸이 건강하게 되고, 우리의 피가 깨끗해지려면 먼저 우리의 영이 맑아져야 하며, 영이 맑아지려면 말씀암송과 묵상의 체질화가 이루어져야 합니다.

3. 암송하면 목회에 능력이 붙는다

설교란 한마디로 하나님의 말씀을 선포하는 것입니다. 평소에 깊이 묵상한 말씀을 선포하는 경우와 설교를 위하여 급하게 준비한 말씀을 선포하는 경우와는 감동과 권능의 차이가 날 수밖에 없습니다.

물론 말씀을 받아들이는 사람에 따라 다를 수도 있겠지만, 평소에 깊이 묵상했던 말씀 선포에는 이성으로 측량할 수 없는 신비한 성령의 역사가 따르게 마련입니다.

303비전장학생들이 100절, 200절, 300절의 말씀을 암송한 후부터는 그동안 부담스럽기만 하던 설교 주제가 너무 많이 떠올라서 주체할 길이 없을 정도라고 말합니다. 뿐만 아니라, 성도들의 반응이 확실히 달라졌다고 고백합니다. 유니게과정에 등록하여 성경을 암송한 어떤 목사님도 암송한 말씀이 많아질수록 여러 가지 설교 내용이 떠오르고, 그중에서 주제를 잡아 확신 있게 설교하면 성도들이 은혜를 많이 받는다고 고백했습니다.

또한 하나님께서는 진리의 말씀을 늘 암송 묵상하는 상담자를 통하여 낙심한 자, 마음이 심히 상한 자에게 놀라운 평화를 안겨주십니다. 말씀을 즐겨 암송 묵상하는 사람의 상담은 감화력이 있게 마련입니다. 상담은 말해주는 것이 아니라 기도하는 마음으로 귀 기울여 들어주며 공감해주는 것입니다. 그런 후에 성령님의 감동으로 떠오르는 합당한 말씀을 몇 마디만 일러주면 내담자는 믿어지지 않을 정도로 감동을 받습니다.

그러므로 말씀을 암송하고 묵상하는 삶이 정착되면, 무엇보다도 영적으로 맑고 깨끗한 삶을 살게 되고, 항상 하나님과의 영적 대화가 이루어지기 때문에 누구나 인격적이면서 유능한 목회자, 상담자, 지도자, 남을 돕는 자가 될 수 있습니다.

4. 암송은 새신자교육의 대안이다

여러 가지 새신자교육 중에 가장 효과적인 방법은 말씀암송교육입니다. 일반적으로 새신자에게 암송을 시키는 것은 무리라고 생각하는데 그것은 큰 오해요, 착각입니다. 물론 새신자에게 많은 분량의 성경을 암송시키는 것은 바람직하지 못합니다. 그러나 짧고 암송하기 쉬운 하나님의 창조와 인간의 구원, 고난의 참뜻을 새기는 말씀을 암송하게 되면 새신자의 영안靈眼이 열리게 되고 그 마음에 기쁨이 솟아나게 됩니다.

이를테면, 창세기 1장 1절 말씀 "태초에 하나님이 천지를 창조하시니라"를 반복하여 암송한 다음, 큰 소리로 말씀을 선포하게 합니다. 인도자는 이 세상 천지만물은 우연히 생겨난 것이 아니라 완전한 인격을 가지사 기뻐하기도 하시고 슬퍼하기도 하시며, 완전한 신격을 가지사 전지전능하시고 무소부재하신 하나님께서 말씀으로 천지를 창조하셨다는 사실을 알아듣기 쉽게 잘 설명해줍니다. 그런 후에 새신자들로 하여금 다시 큰 소리로 말씀을 암송하게 합니다.

이렇게 한 시간만 교육시키면 새신자의 눈빛이 반짝이기 시작합니다. 또한 요한복음 15장 1절 말씀 "나는 참포도나무요 내 아버지는 농부라"를 반복하여 암송시킨 후, 역시 큰 소리로 암송하여 하나님의 말씀을 선포하게 합니다. 인도자는 그림을 그려가면서 예수님은 참포도나무이고 우리는 그 포도나무에 붙어 있는 가지이며, 하나님은 열매를 많이 맺게 하기 위하여 필요 없는 가지를 잘라내는 정원사와 같은 분이시라는 사실을 잘 설명해줍니다.

나아가서는 조금 더 긴 문장 예를 들어, 고린도후서 5장 17절이나 갈라디아서 2장 20절 같은 말씀을 앞서 설명한 방법대로 암송훈련합니다.

이런 식으로 교육하면 몇 주가 되지 않아서 짧고 중요한 말씀을 제법 암송하게 될 뿐 아니라 신앙의 깊이가 생기기 시작합니다. 이때가 중요합니다. 잘한다는 칭찬을 아끼지 마시고 암송 실력을 발표할 기회를 주어야 합니다. 한편, 새로운 말씀을 알려주기보다는 이미 암송한 말씀이 술술 무의식중에도 나오게 반복하면서 그에 관계된 성경말씀을 읽고 설명을 해줍니다.

또한 새신자가 궁금한 점을 질문할 기회를 주기도 하고, 교사가 물어보기도 하면서 자연스러운 대화의 분위기를 만들어갑니다. 이렇게 딱딱하지 않고 부드러우면서 핵심적인 기독교의 진리를 가르쳐나가는 것이 새신자교육의 지혜입니다.

나의 경우 먼저 새신자반 교사들에게 암송훈련을 시켰습니다. 20년이 지난 지금, 당시 젊은 집사였던 그들은 권사가 되고 장로가 되었고, 그때를 그리워하며 저에게 늘 고마움을 이야기합니다. 당시 새신자였던 분들 중에도 교회의 핵심 일꾼이 되어 있는 분들을 봅니다. 많은 성도들이 이단에 약하고, 비본질적인 문제로 시간을 낭비하는 원인 중의 하나가 곧 말씀암송에 대한 무관심 내지는 부정적 견해에 있다고 봅니다.

"믿음은 들음에서 나며 들음은 그리스도의 말씀으로 말미암았느니라"(롬 10:17)라고 하셨듯이 하나님의 말씀을 암송하지 못한 성도가 올바른 믿음을 갖기는 참으로 힘든 일입니다.

나는 새신자교육 프로그램을 면밀하게 짜서 가르치는 것을 말리고 싶지는 않습니다. 그러나 암송교육을 실시하고 보면, 얼마나 값지고 효과적이고 보람찬 일인지 즉시 경험하게 될 것입니다. 새신자에게 말씀을 암송시킨다는 발상 자체가 고정관념을 깨뜨리는 것이지만, 새신자에게 성경공부와 묵상 운운하는 것 또한 고정관념으로는 있을 수 없는 일입니다.

말씀을 사모하는 마음으로 암송하면서 수시로 이를 묵상하는 데에는 새신자, 묵은 신자의 차별이 없습니다. 암송한 말씀을 수시로 즐겨 묵상하는 가운데, 진리를 깨닫고 벅찬 은혜를 체험하도록 하는 것은 꼭 필요한 일입니다.

또한 전도자가 말씀을 암송하고 있다는 것은 성령의 검으로 무장하고 있는 것과 다름없습니다. 말씀이 내 안에 거하면 먼저 마음에 기쁨과 감사가 넘치게 되고, 설교 듣기와 성경 읽기가 즐거워집니다. 모든 것이 하나님의 은혜로 받아들여지니 삶에 생기가 넘칩니다. 얼굴은 환하게 밝아지고, 겸손이 몸에 배게 됩니다. 예수님을 믿지 아니하는 사람을 보면 불쌍한 마음이 절로 일어나고, 믿는 사람이라도 말씀암송의 기쁨을 모르는 사람을 보면 그들에게도 이 기쁨을 맛보게 하고 싶은 마음으로 충만해집니다.

이처럼 말씀을 암송한다는 것은 자신의 신앙을 알차게 할 뿐 아니라, 사탄의 공격으로부터 자아를 지킬 수 있는 무장인 동시에 영혼 구원을 위한 준비가 됩니다.

5. 암송하면 선교가 쉬워진다

단기선교, 비전트립, 선교사 파송 등 다양한 형태의 선교가 한국교회에 자리 잡고 있습니다. 파란 눈의 선교사들이 한반도를 밟은 지 120여 년이 지난 지금, 한국은 세계선교 2위라는 자랑스러운 타이틀을 가지게 되었습니다. 예수님의 지상명령을 좇을 뿐 아니라 우리가 먼저 받은 은혜에 보답하기 위해서라도 더욱 선교에 힘써야겠고 또 그리하고 있습니다.

가장 이상적인 선교의 패러다임은 20년, 30년 후를 내다보고 어린이들에게 말씀을 먹여 온전한 신앙인격자로 키우는 말씀암송 중심 인재양성 선교라고 생각합니다. 선교지의 어린이들에게 하나님의 말씀을 그대로 먹이고 국제어인 영어와 자국어로 암송시키는 교육을 선교의 우선순위로 삼는 것입니다.

오늘의 어린이는 30년 후에 나라의 주인공이 될 것이므로, 어려서부터 말씀암송이 체질화되면 온전한 복음주의 신앙을 갖게 되고 말씀의 생활화가 이루어진 믿음의 용사들이 될 것입니다. 구체적으로는 부모님들로 하여금 자녀의 교육을 위하여 먼저 말씀을 암송케 하고, 자녀와 함께 날마다 말씀암송가정예배를 드리게 하는 것이지요. 새로운 시도에는 실행상 크고 작은 어려움이 따르기 마련입니다. 그러나 이 길만이 가장 성경적이며, 미래지향적이며, 실효성이 있다고 믿습니다.

김윤숙 선교사님은 중국 청양한인교회에서 2년간 유초등부 아이들에게 열심히 암송훈련을 시켜서 단일 교회로서는 국내외를 통틀어 303비전꿈나무 모범생, 으뜸모범생, 장학생이 가장 많이 나오게 한 주역입니다. 2007년부터는 선교사로 남아프리카공화국에 파송되었습니다. 다음은 김윤숙 선교사님이 보낸 편지의 일부입니다.

-✿ 지난달부터 현지 사역을 살펴보고 있습니다. 어린이 전도협회 선교사님께서 사역하시는 현장에 함께하기로 하고 매주 토요일 흑인 마을을 찾아간답니다. 두 곳을 방문하였는데 양쪽 모두 100명이 넘는 아이들이 모여서 찬양하고 성경암송을 하고 말씀을 듣고 있어요.

지난주부터는 이곳에 세워진 한인교회에서 주일 사역을 하게 되었어요. 개척된 지 1년 정도 되었습니다. 목사님께서 몇몇 집사님들과 시작하셨는데 중고등부 아이들을 지도해줄 사람이 없어서 기도 중이었다가 저를 만나게 되었다고 하시네요.

목사님께서 처음 담임 목회를 시작하셔서 혹시 좋은 생각이 있으면 서슴없이 말해달라고 하시기에 청양한인교회 암송반을 소개했습니다. 그리고 중고등부도 암송으로 모든 양육을 하겠다고 말씀드렸답니다. 목사님은 좋은 생각이라고 흔쾌히 받아주셨어요. 앞으로 이곳에도 암송 바람이 불 것이라 기대하고 있어요. 중고등부라서 좀 늦은 감이 없지 않지만 부모님을 떠나온 아이들이 오직 하나님 말씀만 붙잡고 인생의 목적을 세워나가는 중요한 시간이라 생각됩니다. 앞으로 이 아이들을 통해 하나님께서 하실 일들을 기대하고 있어요. 이렇게 시작하면 앞으로 유초등부와 장년들도 도전받아 시작할 것이라 생각됩니다.

얼마 전 에콰도르에 파송된 박용정 선교사님으로부터도 기쁜 소식을 들었습니다. 하버드 대학 생물학부 3학년인 이시온 자매는 선교사님의 가정에서 잠시 기숙하고 있는 동안, 찬수(14살), 연수(11살), 현수(8살) 세 아들들과 선교사님 부부가 매일 드리는 말씀암송가정예배에 깊은 감동을 받고, 열심을 내어 영어로 말씀을 암송하기 시작하더니 불과 일주일 동안의 에콰도르 오지 의료선교 기간에 혼자서 70절의 시편 말씀을 영어로 거뜬히 암송하였다고 합니다.

저는 이 기쁜 소식을 들으면서 평소의 소신에 확신을 얻었습니다. 선교 방향을 그 나라의 어린이들과 청소년들에게 영어와 자국어로 성경을 암송시키는 길을 마련하는 일, 곧 유치원을 세워서 어린이들에게 성경 읽기와 암송교육에 힘쓰는 쪽으로 잡는 것입니다.

또한 유치원 어린이들의 부모님들을 한 가정씩 초청하여 선교사님 가정에서 날마다 드리는 말씀암송가정예배의 모습을 보게 합니다. 이를 통해서 현지의 젊은 부모님들로 하여금 자기네 자녀를 잘 키우기 위하여 선교사님을 본받아 살고 싶은 마음이 일어나게 하는 일에 우선순위를 둔다면, 해외 선교의 길은 활짝 열리게 될 것입니다.

3장

말씀의 생활화와
생활의 말씀화

크리스천의 목표

성도가 성경말씀대로 사는 것을 가리켜 '말씀의 생활화'라고 합니다. 이때 가장 중요한 것은 우선적으로 하나님의 말씀을 내 안에 모시고 살아야 한다는 것입니다. 하나님의 말씀을 내 안에 모시고 살기 위한 첫 단계가 암송입니다. 다음 단계는 묵상, 적용, 실천으로 나아갑니다. 암송은 잘하는데 삶은 형편없다는 것은 크게 잘못된 경우입니다. 묵상, 적용, 실천의 과정이 지속될 때 삶이 바뀌어가는 것입니다. 다시 말하자면 암송은 말씀의 생활화의 기본 조건이며, 필요조건일 뿐입니다. 묵상, 적용, 실천은 충분조건입니다.

말씀암송의 수고 없이 말씀의 생활화는 이루어질 수 없습니다. '말씀의 생활화'를 간략하게 3단계로 나누어보았습니다.

1단계 : 말씀암송

2단계 : 말씀 묵상

3단계 : 말씀 적용 및 실천

위에서 보듯 말씀을 생활화하기 위해서는 말씀암송이 최우선입니다. 그러나 말씀을 암송한다는 것은 결코 쉬운 일이 아닙니다. 사람은 좁은 문을 회피합니다. 분명히 말씀암송은 좁은 문입니다. 그러나 생명으로 인도하는 문이기도 합니다.

좁은 문으로 들어가라 멸망으로 인도하는 문은

크고 그 길이 넓어 그리로 들어가는 자가 많고

생명으로 인도하는 문은 좁고 길이 협착하여 찾는 자가 적음이라

마 7:13,14

어려서부터 교회에서나 가정에서 암송했던 경험이 있는 사람은 그래도 좀 나은 편입니다. 그러나 평생 암송을 한 번도 안 해본 사람이라면 웬만한 결단력과 의지력, 인내심과 노력 없이는 지속할 수 없습니다.

가장 중요한 것은 말씀을 사모하는 마음이며, 이를 위하여 늘 기도하는 사람이 암송한 말씀을 주야로 묵상할 수 있습니다. 나아가 말씀을 생활에 늘 적용하여 하나님의 기쁘신 뜻을 좇아 행할 수 있습니다. 그렇게 할지라도 죄성罪性을 가진 인간인지라 말씀의 생활화를 온전히 이루는

사람은 거의 없습니다. 어릴 때부터 그런 환경에서 자라지 못한 우리 세대는 오직 그런 소망과 꿈을 안고 노력할 뿐입니다.

말씀의 생활화를 비롯해 '생활의 말씀화'를 온전히 이루는 것이 크리스천의 목표라고 생각합니다. '말씀의 생활화'와 '생활의 말씀화'를 벼농사 과정에 비유해서 설명해드리겠습니다. 말씀의 생활화는 마치 농부가 논을 갈고 묘판을 만들어 거기에 볍씨를 뿌리고, 묘를 가꾸어 때가 이르면 이앙을 하고, 모를 심고 가꾸어 알곡이 영근 벼를 베어다 정미소에서 도정搗精하여 쌀이 나오는 일련의 과정과 같습니다.

생활의 말씀화는 이렇게 말씀의 생활화 과정을 거친 영양가 높고 맛좋은 쌀을 가지고 밥도 짓고, 인절미, 송편, 시루떡, 각종 과자를 만들어 나누어 먹기도 하고 팔기도 하는 2차 생산 과정과 같습니다.

다시 말하자면, 생활의 말씀화를 위하여 말씀의 생활화 과정이 절대 필요합니다. 말씀을 암송하고 즐겨 묵상한다는 것은 말씀이신 하나님, 살아계신 아버지 하나님을 내 안에 주야로 모시고 산다는 것입니다. 또한 예수 그리스도의 품 안에 내가 사는 것이며, 보혜사 성령님이 말씀과 더불어 나의 영靈을 항상 새롭게 하시고 암송한 모든 말씀을 때에 따라 생각나게 하신다는 것입니다.

너희가 내 안에 거하고 내 말이 너희 안에 거하면
무엇이든지 원하는 대로 구하라 그리하면 이루리라 요 15:7

이 말씀이 또한 너희 믿는 자 가운데에서 역사하느니라 살전 2:13

보혜사 곧 아버지께서 내 이름으로 보내실 성령
그가 너희에게 모든 것을 가르치고
내가 너희에게 말한 모든 것을 생각나게 하리라 요 14:26

말씀 묵상의 4단계

1단계 묵상

말씀을 암송한다는 것은 결코 쉬운 일이 아닙니다. 비록 몇 백 절, 몇천 절을 암송하는 사람이라도 그가 머리가 좋아서, 혹은 기억력이 뛰어나서라기보다 남다른 열심을 가지고 주야로 노력한 결과라고 보는 것이 합당할 것입니다. 물론 개인차는 분명히 있기 마련이지만 누구나 암송을 계속하다보면 점점 암송이 더 잘되는 것은 사실입니다. 그러나 말씀을 사모하는 마음과 주야로 노력하는 열심 없이는 아무도 말씀을 꾸준히 암송할 수는 없습니다.

그런데 암송을 하다보면 이미 많이 들어왔고, 성경공부 시간에 배우기도 하고, 심지어는 큐티할 때 다루었던 말씀까지도 새로운 의미로 다가옴을 경험하게 됩니다.

이를테면, 고린도전서 13장을 암송할 때에 4절 "사랑은 오래 참고 사랑은 온유하며 시기하지 아니하며 사랑은 자랑하지 아니하며 교만하지 아니하며"를 반복하여 읊조리는 동안 말씀의 거울 앞에 많은 생각이 떠오르기도 하고, 새로운 깨달음이 나타나기도 하며, 자신의 삶에 대한 회개의 마음이 일어나기도 합니다. 나는 이것을 가리켜 '1단계 묵상'이라 합니다. 말하자면 초보 단계의 묵상이라 하겠습니다.

2단계 묵상

일단 암송이 된 말씀을 수시로 읊조리노라면 똑같은 말씀임에도 불구하고 때와 장소, 혹은 마음 자세에 따라 다른 의미로 다가옵니다. 이를테면 심히 두려운 환경에 처해서 떨며 기도하다가 시편 27편 1절과 14절 "여호와는 나의 빛이요 나의 구원이시니 내가 누구를 두려워하리요 여호와는 내 생명의 능력이시니 내가 누구를 무서워하리요" "너는 여호와를 기다릴지어다 강하고 담대하며 여호와를 기다릴지어다"를 암송하면, 마음에 잔잔한 평안이 찾아옵니다.

한편, 평상시에 이 말씀을 암송하면, 기쁘고 즐겁긴 하지만 내 마음에 변화가 일어나는 감동을 맛보지 못하고 넘어갑니다. 어쨌거나 하나님의 말씀을 암송하면 기쁨과 감사와 회개의 마음이 동시다발적으로 일어나는 것만은 틀림없습니다.

이미 암송한 말씀을 수시로 기억하며 사모하는 마음으로 되풀이하며 암송할 때에 일어나는 묵상을 가리켜 나는 '2단계 묵상'이라 합니다.

3단계 묵상

말씀을 많이 암송하게 되면 서로 관련된 말씀들이 일시에 떠올라 서로의 차이점과 공통점 또는 복합적인 의미가 그려집니다.

이를테면, 요한복음 13장 34절 말씀, "새 계명을 너희에게 주노니 서로 사랑하라 내가 너희를 사랑한 것 같이 너희도 서로 사랑하라"와 요한복음 15장 13절 말씀, "사람이 친구를 위하여 자기 목숨을 버리면 이보다 더 큰 사랑이 없나니"와 요한일서 4장 8절 말씀, "사랑하지 아니하는 자는 하나님을 알지 못하나니 이는 하나님은 사랑이심이라"와 고린도전서 13장의 15가지 사랑의 덕목과 갈라디아서 5장의 성령의 열매 중의 하나인 사랑과 베드로후서 1장 믿음의 7가지 덕목 중의 하나인 사랑 등, 이 모든 사랑이 한꺼번에 오버랩되어 다가옵니다.

이와 같이 성경 안의 여러 구절들이 연결되어 새로운 지혜를 깨닫게 되는 묵상을 가리켜 '3단계 묵상'이라 합니다.

4단계 묵상

말씀 묵상은 인간의 의지와 성령의 감동이 어울려 이루어집니다. 그런 의미에서 앞서 말한 1, 2, 3단계 묵상은 인간의 의지와 생각이 높은 비중을 차지하는 데 비해서, 4단계는 전적으로 강력한 성령의 역사와 감동이 주관하고 인간의 의지와 생각은 오직 이에 순종하는 묵상이라 할 수 있습니다.

《암송을 지속하라Keep in Memory》의 저자 N.A.워이척Woychuk 씨는 일찍이 자신이 성경 요절 500절을 암송한 후 2, 3년이 지났을 때, 하나님은 그 말씀들을 사용하셔서 자신을 구원하셨다고 고백합니다.

"나는 암송캠프에서 밤을 하얗게 새워가며 말씀을 묵상했던 것을 기억합니다. 하나님은 디모데후서 3장 15절과 요한복음 1장 12절을 묵상케 하시고 말씀을 통해 나의 캄캄했던 영안이 활짝 열리고 밝아졌던 일을 기억합니다. 나는 그 말씀을 통해 그리스도를 '영접' 하였고, 비로소 하나님의 아들이 되었습니다."

그는 500절의 말씀을 암송하면서도 구원의 확신이 없었음을 고백하면서, 그러나 때가 이르러 암송했던 말씀이 역사하셔서서 거듭남을 체험했고, 그 후 주를 기쁘시게 하는 일에 헌신하게 되었다고 합니다.

303비전성경암송학교 유니게과정은 오전 10시 30분에 시작합니다. 수강생 주부들은 비교적 먼 데서 자가용 혹은 버스나 전철을 이용하여 모임 장소에 옵니다. 대부분의 젊은 주부들은 어린 자녀를 업고 안고 유모차에 태우고 혹은 손을 잡고 옵니다. 그러다보니 거의 절반의 수강생들이 강의 도중에 도착하는 경우가 많았습니다. 물론, 30분 전에 도착하는 분도 있지요. 기도 중에 주께서 지혜를 주서서 '보너스 시간'을 갖기로 했습니다. 10시까지 수강생 3인 이상이 출석하면, 나의 환난 극복의 간증(시 119:67,71), 우리를 향하신 하나님의 뜻(살전 5:16-18), 기도 응답의 간증(마 7:7,8) 등 말씀암송과 합력하여 선善을 이루시는 하나님의 뜻에 관한 특강을 해주고 있습니다.

이를 위하여 기도로 준비할 때, 어느 주간은 시편 37편 1-7절을 묵상했는데, 당일 새벽예배 때 갑자기 주께서 이사야서 40장 31절 말씀을 묵상케 하신 적이 있습니다. 그리하여 성령님의 강력한 인도하심에 순종하였더니, 마침 한 수강생으로부터 그날 보너스 시간 말씀으로 큰 도움을 얻었다는 감격어린 고백을 듣기도 했습니다. 이와같이 하나님께서는 나의 의지와는 전혀 다른 말씀을 묵상케 하시고 이에 순종하면 크고 비밀한 일을 보여주시기도 합니다. 이와 같은 묵상을 '4단계 묵상'이라 합니다.

4장

암송을 지속하기 위한
6가지 전략

지속이 성공의 비결

나는 젊은 날에 감명 깊게 읽었던 일서日書《青年の 道청년의 길》에서 본 4가지 성공의 비결을 잊지 못합니다. '반성, 결심, 실천, 지속'입니다. 반성하는 사람은 많습니다. 그러나 그들이 다 결심하는 것은 아닙니다. 또한 결심하는 사람은 더러 있지만, 이를 실천에 옮기는 사람은 드뭅니다. 그러나 실천을 '지속'하는 사람은 거의 없다는 것입니다.

이를 바꾸어 말하자면, 성공을 향하여 꿈을 품고 좋은 출발을 하는 사람은 있어도 끝까지 성공의 고지에 이르는 사람은 극히 드물다는 것입니다. 물론 성공이 무엇을 뜻하느냐는 문제가 있긴 하지만, 일반적으로 성공이라면, 선한 목표의 열매를 거두는 것이 아닐까요?

젊은이의 특징 중 하나는 감동을 잘 받는다는 것과 새로운 결단을 쉽게 내린다는 것, 또한 실천의 첫발을 힘차게 내딛는다는 것입니다. 이 모두는 칭찬할 만한 일입니다. 그러나 문제는 지속이 취약하다는 데 있습니다. 심성이 순수하고 열정이 뜨겁다는 것은 젊은이의 자랑이거니와 그 열기가 쉽게 식어진다는 것과 끈기가 부족하다는 것은 인생 초년생인 젊은이들의 공통된 약점이기도 합니다. 이것이 비단 젊은이뿐이겠습니까? 어른들조차도 지속하지 못하는 사람들이 어찌 그리 많은지요.

학문을 하든지, 사업을 하든지, 운동을 하든지 무엇을 하든지 지속은 성공으로 가는 필수요건입니다. 사람들은 성공하기를 갈구하면서 왜 지속하지 못할까요?

가장 큰 이유는 바로 '영적 방해'와 비전 없음으로 인한 '게으름'입니다. 지속은 꿈이 있는 사람이어야 가능합니다. 꿈을 향한 뜨거운 열정과 확고한 의지가 있어야 합니다. 실천하겠다는 확고한 의지에 투철한 사명의식이 더해져야 합니다. 투철한 사명의식에 항상 성취의 희열을 느낄 수 있는 사람이어야 합니다. 이 모두를 겸비할 수 있다면 그는 지속을 견지할 수 있을 것입니다.

나는 최근 몇 년 동안 지속의 중요성을 절실히 느껴왔습니다. 303비전장학생을 비롯하여 암송학교 수료생들이 말씀암송의 첫사랑에 흠뻑 젖어 '왜 일찍이 이렇게 좋은 말씀암송의 기쁨을 맛보지 못한 채 살아왔던가? 참으로 새로 태어난 듯한 이 신선한 기쁨, 이 황홀한 감격을 무엇으로 표현하랴?' 했다가 몇 달, 몇 해가 지나면, 말씀암송을 지속하지 못하고 옛 생활 그대로 돌아가 있는 것을 발견할 때마다 안타깝다 못해 깊은 아픔과 슬픔을 느꼈습니다.

　나는 10여 년 전부터 하나님의 은혜로 건강과 경건을 위하여 날마다 7-10킬로미터의 거리를 말씀을 암송, 묵상하며 즐겁게 걷기 시작했습니다. 지금은 4킬로미터로 줄었지만 말입니다. 처음에는 여러 가지 어려움을 이겨내야 했습니다. 몸살이 수시로 찾아온다든지, 빙판에 미끄러져서 발목을 다친다든지, 뒤로 걷다가 넘어진다든지, 날마다 지속하기가 매우 어려운 일들이 닥쳤습니다. 비가 오나 눈이 오나 계속하기란 웬만한 각오와 결심 없이는 정말 어려운 일이었습니다. 게다가 비오는 날이나 눈보라 치는 날에는 나의 의지도 약해지기 쉬운데 아내의 끈질긴 만류를 이겨내는 일은 더욱 힘들었습니다.

　그러나 모든 것을 꿈과 기도와 의지로 다 이겨내고, 일단 습관화가 되고 나서부터는 모든 것이 즐거움으로 변했습니다. 남달리 가늘고 허약했던 허벅지와 장단지에 힘살이 붙어나고, 뱃살이 빠지면서 발걸음이 가벼워지기 시작하니 날마다 어린아이처럼 마냥 기쁘기만 했습니다. 여름은 물론이요, 겨울에도 새벽예배를 위하여 거의 날마다 가고 오는 동안 말씀을 암송하거나 묵상하였습니다. 퇴근 후 늦은 밤에 풀코스를 걷고 집에 돌아와서 땀으로 흠뻑 젖은 몸을 씻고 나면 날아갈 듯한 상쾌함을 느꼈습니다.

　나는 걷기 운동과 겸하여 상체운동도 하기 시작했습니다. 마침 산책 코스인 탄천 고수부지 잔디밭에 멋진 철제 평행봉이 세워졌습니다. 처음엔 두 팔을 걸치고 매달릴 엄두도 내지 못했습니다. 천근이나 되는 듯

한 몸을 지탱할 힘이 나의 두 팔엔 전혀 없었기 때문입니다. 그래서 우선 팔의 힘을 기르기 위해 45도 각도로 냇가 방책防柵을 잡고 비스듬히 서서 팔굽혀펴기를 하기 시작했습니다. 처음엔 오십견의 후유증으로 10번을 제대로 할 수 없었습니다. 그러나 날마다 조금씩 횟수를 늘려가며 계속한다면 1년 안에 100번은 할 수 있으리라는 확신이 들었습니다.

서너 달이 지나자 45도 각도로 팔굽혀펴기를 50번 하고, 똑바로 서서 방책 기둥을 잡고 앉았다 일어섰다 하기를 30번 한 다음, 다시 45도 각도로 팔굽혀펴기를 50번 했습니다. 몇 번 하는 것이 중요한 것은 아닙니다. 다만 꾸준히 지속한다면 해가 갈수록 노쇠해가는 자연인의 몸이 점점 더 강하여지고, 근육도 불어나서 역삼각형의 몸을 이룰 수 있으리라는 확신이 생겼습니다.

나는 고등학교 시절에 6개월 동안의 집중적인 운동으로 역삼각형의 몸매를 이룬 일이 있기에, 다시 70대에 역삼각형의 몸매를 이루어보리라는 꿈을 품고 지금도 날마다 즐겁게 노력하고 있습니다. 이제 50센티미터 벤치를 짚고 팔굽혀펴기를 42회, 평행봉에 양팔 걸치고 앞뒤로 흔들기 20회 등 좀 더 다양한 운동을 거의 날마다 하고 있습니다.

"이유를 대지 말라. 변명을 하지 말라. 오르고 또 오르면 못 오를 산이 어디 있으며, 누군들 못 오를 이가 있겠는가? 게으른 자는 불평을 말하고 부지런한 자는 희망을 말한다."

이것은 내가 고등학교 시절부터 즐겨 써오는 나 자신을 위한 격려사입니다.

말씀을 사모하는 크리스천이라면 누구나 일단 말씀암송과 묵상의 맛에 길들여지면 황홀경에 빠지게 마련입니다. 사람에 따라, 환경에 따라 차이는 있을 수 있을지라도 말씀암송을 생활화하고, 습관화할 수 있는 확실한 길이 필시 있을 것입니다. 암송의 지속을 위한 내용들을 살펴보도록 하겠습니다.

1. 말씀을 간절히 사모하라

어떤 때는 암송이 잘되고 은혜가 넘치는가 하면, 어떤 때는 정반대인 것을 적지 않게 경험합니다. 마음에 기쁨이 있고 감동이 넘칠 때는 성경을 통째로 암송하여 삼켜버리고 싶은 충동을 느끼다가도, 컨디션이 좋지 않거나 수면 부족으로 피로가 쌓였을 때, 세상일에 바쁘고 걱정, 근심에 휩싸였을 때, 혹은 새벽예배에 오래 나가지 못했을 때에는 틀림없이 정반대의 현상이 일어납니다.

하나님의 말씀을 사랑한다는 것은 의지나 결단으로만 되지 않습니다. 하나님의 말씀이 좋아서 못 견디는 마음을 주께서 주셔야 합니다. 사랑하는 사람에게는 나의 소중한 것을 다 주고 싶고, 그를 가까이하는 것이 마냥 좋아서, 그와 늘 함께하기를 원하는 것이 사람의 본능입니다.

말씀을 암송하고자 하는 어느 성도가 말씀을 사모하지 않겠습니까? 그러나 실제로는 사모함이 없이 말씀을 암송하려는 성도를 가끔 봅니다. 암송학교에서 숙제로 받았으니까, 혹은 남에게 자랑하고 싶어서 등, 말씀을 사모함이 없이 암송을 하려는 사람이 열 명 가운데 한두 사람은 있게 마련입니다. 그런 사람은 십중팔구 "왜 이렇게 암송이 안 되는 거야?" "왜 이렇게 헷갈리지?" 하면서 불평을 늘어놓습니다. 겨우 암송하기 시작한 처지에 "자꾸 까먹지 뭐예요"라고 합니다. 이외에도 다음과 같은 현상이 나타납니다.

· 좀 더 쉽고 편하게 말씀을 암송하기를 원한다.
· '나는 원체 암송에 소질이 없는 몸이니' 하면서 회피하려 한다.
· 아무리 집중하여 암송하려 해도 잡념만 떠오른다.
· 처음에는 말씀암송이 꿀송이같이 달더니 어느새 덤덤해졌다.
· 마음으로는 날마다 암송을 계속하려 하지만 하루 이틀 지나는 사이에 이미 암송한 말씀도 다 잊어버렸다.
· 다시 시작하려 하여도 도무지 엄두가 나지 않는다.
· '어차피 나는 암송과는 인연이 먼가보다' 하고 포기한다.

마음은 원이로되 몸이 말을 안 듣고 여건이 허락하지 않습니다. 이와 같은 이유들로 성도들의 암송생활은 중단되고 맙니다. 그렇다면 이에 대한 대책은 없는 것일까요? 하나님의 말씀을 사모하고 간절히 기도하며, 구체적인 대안을 마련하면 결코 불가능한 일은 아닐 것입니다.

돌이켜 생각하면, 나는 주변의 도움 없이 혼자서 30여 년 동안 꾸준히 말씀암송과 묵상의 생활을 해왔습니다. 오직 하나님의 은혜를 입었기 때문임은 말할 나위 없습니다. 동시에 나는 믿음의 초창기 10여 년간 경제적인 어려움을 뚫고 나와야 했습니다. 이때 부득불 하나님의 말씀의 위로와 감동을 갈구하게 되었습니다. 결국 그 계기로 고난을 통해 말씀을 붙잡는 생활이 가능하다는 것을 깨닫게 되었습니다.

> 고난당하기 전에는 내가 그릇 행하였더니
> 이제는 주의 말씀을 지키나이다 시 119:67

> 고난당한 것이 내게 유익이라
> 이로 말미암아 내가 주의 율례들을 배우게 되었나이다 시 119:71

달리 피할 길이 없는 막다른 길에 몰려서야 비로소 절대자에게 매달리는 연약한 나를 하나님께서는 너무 잘 아시고 합당한 어려움과 함께 지혜와 은혜를 지속적으로 베풀어주셨습니다.

> 사람이 감당할 시험 밖에는 너희가 당한 것이 없나니
> 오직 하나님은 미쁘사
> 너희가 감당하지 못할 시험 당함을 허락하지 아니하시고
> 시험 당할 즈음에 또한 피할 길을 내사
> 너희로 능히 감당하게 하시느니라 고전 10:13

나뿐 아니라 모든 사람이 평안한 가운데 암송생활을 지속한다는 것은 불가능에 가까운 일이 아닌가 싶습니다. 그렇다면 오늘날 우리나라의 성도들은 너무 평안한 환경으로 인하여 암송생활을 지속하지 못한다는 말인가요? 꼭 그런 이유만은 아닐 것입니다. 말씀을 사모하는 마음이 부족하거나, 아직 때가 이르지 않아서일 수도 있습니다. 앞서 소개드렸던 500절을 암송했으나 구원의 확신이 없었던 워이척 씨를 떠올려보십시오.

하나님께서 성경을 통하여 우리에게 계시하신 말씀을 사모하는 마음으로 암송하고 주야로 그 말씀을 묵상하는 사람에게 하나님은 사귐의 길을 늘 열어놓고 계시다는 사실을 성경을 통해서, 30여 년간의 체험을 통해서 깨닫게 되었습니다.

그가 사모하는 영혼에게 만족을 주시며
주린 영혼에게 좋은 것으로 채워주심이로다 시 107:9

2. 암송을 최우선으로 삼아라

현대인의 특징 중 하나는 바쁨이요, 바쁘다는 것은 할 일이 많다는 뜻입니다. 하루하루 일에 쫓겨 사는 현대인에게는 일의 우선순위를 정하고 이를 지키는 것이 지혜입니다.

급한 일이 있고 덜 급한 일이 있으며, 중요한 일이 있고 덜 중요한 일이 있습니다. 또한 급한 일 중에서도 중요한 일과 덜 중요한 일이 있고,

덜 급하면서도 중요한 일과 덜 중요한 일이 있게 마련입니다. 지혜로운 사람은 중요한 일을 우선으로 삼기에 늘 바쁜 중에서도 여유 있는 삶을 삽니다. 중국의 석학 임어당林語堂의 말이 생각납니다.

"미국인들은 일에 쫓겨 바쁘게 살지만, 우리 중국인들은 일을 부리며 여유롭게 산다."

중요한 일을 먼저 행하는 사람은 인생의 여유로움을 즐기면서 자기의 할 일을 다 하며 살 수 있습니다.

"요즘은 바빠서 암송을 제대로 못했습니다."

"휴가철이라 오랫동안 암송을 못했더니 아이들이 많이 잊어버린 것 같아요."

"교회 행사 때문에 한참 동안 암송을 하지 못했어요."

이유를 대려고 들면 한이 없습니다. 대신 말씀암송과 말씀암송가정 예배를 우선순위로 작정해놓으면, 형편에 따라 다소 암송 분량이나 예배순서의 차이는 있을지라도 매일 지속할 수 있을 것입니다.

무슨 일이든지 한 가지 일에 집중하게 되면 언젠가는 놀라운 결실을 맺는 법입니다. 성도가 말씀암송이라는 거룩한 일을 생활화하려면 적극성과 실천력을 가지고 말씀암송의 우선순위에 집중할 필요가 있습니다. 일을 행하시는 이는 하나님이시지만, 들어 사용하심을 받는 자는 우선순위를 두고 집중하는 사람입니다.

올림픽 금메달리스트들이나, 세계적인 기업인이나, 대학자나, 뛰어난 예술가들은 한결같이 모두 삶의 우선순위가 분명하고, 끈기 있게 집중하여 훈련과 연구를 해온 사람들입니다. 한 가지 일에 지속적으로 집중하여 성공하지 못한 사람을 보지 못하였고, 한 가지 일에 우선순위를 두고 지속적으로 집중하지 않은 사람이 성공한 예를 보지 못했습니다.

곧 누구나 한 가지 일에 우선순위를 두고 지속적으로 노력하면 반드시 그 일에 큰 열매를 맺을 수 있다는 지극히 평범한 진리를 아는 사람은 많으나, 이를 실천하는 사람은 적습니다. 이것이 인간의 비극일 것입니다.

> 그런즉 너희는 먼저 그의 나라와 그의 의를 구하라
> 그리하면 이 모든 것을 너희에게 더하시리라 마 6:33

3. 기도하고 암송하라

잘되던 암송도 피곤하다든지 정신이 산만할 경우에는 헷갈릴 때가 있습니다. 그럴 경우에는 즉각적으로 하나님께 회개의 기도를 드리고 다시 시작하면 놀랍게도 암송이 잘되는 것을 경험합니다.

성령님의 도우심으로 하나님의 말씀을 암송하는 사람은 복이 있습니다. 하나님은 영이시며, 성경은 하나님의 감동으로 기록된 말씀이므로 경건한 영혼에게 맑고 밝은 기억력을 주십니다. 연약하여 넘어지기 쉬운 우리는 미쁘신 하나님께 말씀을 사모하는 마음을 주십사고 늘 말씀에 의지하여 기도해야 합니다.

그러므로 내가 너희에게 말하노니

무엇이든지 기도하고 구하는 것은 받은 줄로 믿으라

그리하면 너희에게 그대로 되리라 막 11:24

우리가 마음과 뜻을 다하여 믿고 기도하면 하나님께서 응답하시겠다고 약속하셨습니다(마 21:22 ; 요 14:14). 주님께서는 때로 하나님께 감히 드리는 유치하고 부끄러운 기도까지도 들어주십니다. 하물며 주님의 뜻대로 드리는 기도를 응답하시지 않겠습니까? 기도하면 반드시 응답해주신다는 믿음으로 기도하고 또 그대로 응답을 받으며 사는 사람은 복 있는 사람입니다.

성경에 약속하신 하나님의 말씀은 너무나 풍성합니다. 우리가 다 알지 못하여 그 약속의 말씀들을 시간의 흐름 속에 흘려보내는 일이 얼마나 많은지요. 사람도 그런 일을 생각할 때 안타깝기 이를 데 없는데 하물며 하나님께서야 얼마나 안타깝고 속이 터지실까요?

말씀암송은 기도가 꼭 필요합니다. 말씀을 암송하는 궁극적인 목적은 말씀을 내 안에 모시고 살면서 수시로 그 말씀이 기뻐하시는 대로, 그 말씀이 명하시는 대로 순종하여 살기 위한 것입니다. 사람은 하나님께 기도하기는 부지런하면서 말씀에 순종하기는 게으른 편입니다. 성도는 순종할 마음을 가지고 기도하면서 암송을 지속해야 합니다.

하나님은 영이시기에 하나님과 교제하는 길은 영적 통로 밖에 없습니다. 기도가 그 첫째 되는 길이요, 말씀을 읽고 느끼며 적용하며 깨닫는 길입니다. 때로는 우리의 의지와는 상관없이 주께서 일방적으로 몰아붙여서 기도하게 하고, 회개의 영을 부어주심으로써 눈물, 콧물 쏟으면서 부르짖게도 하며, 기도를 통해 주님의 음성을 듣게 함으로써 하나님과의 사귐이 이루어지게도 합니다. 참으로 오묘하신 하나님의 섭리를 어찌 우리 불완전한 인간이 감히 안다 할 수 있겠습니까?

또한 말씀암송과 기도생활은 거듭남의 감동과 함께합니다.

> 육신을 따르는 자는 육신의 일을,
> 영을 따르는 자는 영의 일을 생각하나니
> 육신의 생각은 사망이요 영의 생각은 생명과 평안이니라 롬 8:5,6

거듭남의 은혜를 입으면 영의 일을 생각하는 것이 자연스러워지고, 거기엔 생명과 평안이 따르기 마련입니다. 육신을 좇는 사람이 아무리 영의 일을 생각하려 하여도 그것은 불가능한 일이지요.

마찬가지로 우리가 말씀암송을 하려고 아무리 노력해도 거듭남의 기쁨과 감격, 곧 성령의 충만함을 입지 않고는 암송이 잘 이루어지지 않을 뿐 아니라 지속할 수도 없습니다. 거룩하신 하나님의 말씀이기에 신령과 진정이 있어야만 암송생활이 이어질 수 있는 것입니다. 그러므로 암송의 생활화를 위하여 항상 거듭남을 사모하는 기도를 간절히 드려야 합니다.

말씀암송과 기도는 어느 한편으로 치우치기 쉽습니다. 암송에 힘쓰다보면 기도가 소홀해지기 쉽고, 기도에 힘쓰다 보면 암송이 소홀해지기 쉽습니다.

나는 마땅히 기도해야 할 시간인 줄 알면서도 말씀을 암송하며 묵상하는 것이 너무 좋아서 기도를 미루고 암송을 지속하는 경우가 가끔 있습니다. 그럴 경우에 마음에 찔림을 받다가도 로마서 8장 26, 27절 말씀으로 위로를 받습니다. 우리의 마음을 살피시는 하나님께서 우리를 대신하여 하나님의 뜻대로 간구하시는 성령님의 기도를 들으신다는 것을 생각하면 얼마나 마음이 든든한지 모릅니다.

이와 같이 성령도 우리의 연약함을 도우시나니
우리는 마땅히 기도할 바를 알지 못하나 오직 성령이
말할 수 없는 탄식으로 우리를 위하여 친히 간구하시느니라
마음을 살피시는 이가 성령의 생각을 아시나니
이는 성령이 하나님의 뜻대로 성도를 위하여 간구하심이니라

내가 말씀을 사모하는 마음으로 즐겨 암송, 묵상하는 사이에 성령님께서 나를 대신하여 죄성을 가진 인간의 기도보다 훨씬 하나님을 기쁘시게 하는 기도를 해주신다는 사실을 깨닫고부터는 마음 놓고 한 시간, 두 시간 말씀을 암송하며 묵상의 황홀경에 빠지곤 합니다.

말씀을 암송하면 가장 먼저 나타나는 효과가 바로 신령한 기도입니다. 일방적인 "주시옵소서" 기도가 변하여 하나님의 은혜에 감사하게

되고, 하나님의 신실하신 약속을 기억하여 하나님의 뜻대로 간구하게 됩니다.

반면에 말씀암송과 묵상이 없이 기도에만 힘쓰다보면, 인간의 연약함으로 기복적인 기도로 치우치기 쉽고, 그 기도가 깊이 들어가게 되면 악한 영의 지배를 받게 될 가능성이 큽니다.

기도 없는 말씀암송이라든지, 말씀의 사모함이 없이 자랑하기 위하여 말씀을 암송하게 되면, 교만해지기 마련입니다. 그러므로 먼저 말씀을 사모하는 마음이 요구되며, 기도가 함께하는 말씀암송훈련이 꼭 필요합니다.

구하는 이마다 받을 것이요 찾는 이는 찾아낼 것이요
두드리는 이에게는 열릴 것이니라 마 7:8

방해세력을 이기기 위해서도 기도가 꼭 필요합니다. 말씀이 있는 곳에 사탄이 함께할 수가 없으므로 그 사람으로부터 쫓겨나야 할 판이니 결사반대를 하며 목숨을 걸고 방해를 합니다. 사탄은 그럴싸한 명분을 찾아 설득하므로 기도 없는 성도, 게으른 성도는 넘어갈 수밖에 없습니다.

4. 지속의 강제적 장치, 곧 거룩한 매임을 가져라

"한배 새끼도 아롱이다롱이"라는 속담이 있습니다. 한 피 받은 자녀임에도 불구하고 그 성품은 다 달리 태어나게 마련이라는 것이지요. 어려서부터 스스로 자기의 할 일을 찾아 잘 감당해나가는 자녀가 있는가 하면, 어려서부터 부모의 도움이 없이는 제대로 서지 못하는 자녀도 있습니다.

우리는 똑같은 하나님의 자녀입니다. 그러나 어떤 이는 스스로 올바른 믿음의 길을 걸어가는가 하면, 어떤 이는 그렇지 못합니다. 말씀암송도 마찬가지입니다. 어떤 이는 스스로 즐겨 암송하는가 하면, 어떤 이는 남의 도움 없이는 못합니다. 그런데 후자가 너무 많다는 데 고민이 있습니다. 대부분의 성도는 스스로 아무리 굳은 결심을 해도 혼자서는 암송을 지속하지 못합니다. 이러한 사람에게도 어떤 구속력이 가해지면 대개의 경우 감당해나갑니다. 그래서 가끔은 구속력이 필요합니다.

1999년에 성경암송학교를 꿈꾸면서 내가 섬기던 교회에서 1년 동안 무료로 매주일 오후 2시부터 4시까지 엄마와 아이들을 훈련한 소중한 경험 위에 이슬비성경암송학교 유니게과정을 열었습니다. 처음에는 1단계 100절을 6주에, 2단계부터 5단계까지 각 100절씩을 각각 3개월에 마치도록 커리큘럼을 짜서 그대로 훈련시켰습니다. 그러다가 현재는 1, 2단계 각 100절을 각 7주에 마치도록 하고, 3단계부터는 가정에서 자녀들과 함께 암송하도록 권장하고 있습니다.

그러나 지난 10년 동안 3,000여 명이 100절 혹은 200절의 말씀을 암송하고 수료할 때의 기쁨과 감격이 하늘을 찌를 것 같다가도 일단 교육을 마치고 몇 달 후에 전화해보면, 한결같이, "죄송합니다. 교회일 하랴, 가정일 하랴, 직장 혹은 생업에 매달리느라 암송을 지속하지 못하다보니 말씀을 거의 다 잊어버렸어요"라고 대답합니다.

　나는 어떻게 하면 엄마들이 말씀암송을 지속하면서 자녀에게 암송훈련을 할 수 있을까 고민하며 하나님께 간구하였고, 마침내 유니게과정을 수료한 엄마들끼리 4, 5명씩 그룹을 만들어 매주 모여서 암송을 지속하는 것이 좋겠다는 생각을 주셨습니다. 이를 강력히 권면한 결과 2005년부터 2단계 훈련을 마친 엄마들의 모임이 생기기 시작했습니다. 바로 '303비전 와이즈머더즈클럽(303Vision Wise Mothers Club)'이 생겨났고, 이를 줄여서 '303비전 왐클럽'이라고 이름 지었습니다. 지금은 303비전 왐클럽이 활발하게 활동하고 있고 여기저기서 매주 또는 격주로 모이고 있습니다.

　하나님의 말씀을 암송한다는 것은 거룩한 작업입니다. 나는 이 거룩한 작업을 지속하기 위한 구속력 장치를 가리켜 '거룩한 매임'이라 부릅니다. 이를테면 '303비전장학회' '303비전꿈나무장학회' '303비전 왐클럽' 혹은 '303비전성경암송학교'와 같은 것이지요.

　바쁜 세상, 할 일 많은 세상에서 매일같이 반복하여 말씀을 암송하고 말씀암송가정예배를 드린다는 것은 거룩한 매임이 없이는 어렵다는 것을 절감합니다. 한 집사님의 다음과 같은 고백에서 그 답을 찾을 수 있습니다.

　"장로님, 제가 예수 믿은 지 20년이 되었는데요, 처음 믿기 시작할 때부터 고린도전서 13장이 너무 좋아서 외어보려고 여러 번 시도했지만 최근까지 뜻을 이루지 못하고 있었는데, 글쎄 암송학교에 등록하고 겨우 일주일 만에 고린도전서 13장 뿐 아니라 신명기 6장 4-9절과 마태복음 7장 7,8절까지도 거뜬히 외울 수 있었으니, 얼마나 기쁘고 자랑스러운지 모르겠어요. 제 자신의 능력에 놀랐지 뭐예요."

나의 경우를 생각해봅니다. 내가 만일 1995년부터 이슬비장학생회(303비전장학회의 전신)를 세워 장학생들에게 성경암송을 시키지 않았더라면, 우리말 1,000절과 영어로 200절의 말씀을 암송할 수 없었을 것입니다. 각자 나름대로 자기에게 맞는 '거룩한 매임'을 마련하는 것이 암송을 지속할 수 있는 지혜입니다.

303비전장학생으로 선발된 신학생이 말씀암송을 못하는 경우는 극히 드뭅니다. 1기 12명에게는 암송을 시킬 생각을 미처 하지 못했습니다. 그러나 기도 끝에 2기는 2년 동안 500절을, 3기부터 6기까지는 750절을, 7기부터는 1,000절의 말씀을 암송시키고 있습니다. 그러나 안타깝게도 훈련을 마치고 나를 떠난 후에는 대부분의 장학생들이 말씀암송을 지속하지 못하고 있는 것을 보았습니다.

그 책임은 말할 것도 없이 당사자에게 있으나, 절반 이상의 책임이 나에게 있음을 뒤늦게 깨닫게 되었습니다. 그들에게 '거룩한 매임'을 마련해주지 못했던 것입니다. 거룩한 매임 장치를 미리 마련하려는 데에는 지혜가 필요합니다. 암송학교 교육을 받았던 3천여 명의 유니게과정 수료생들과 앞으로 있을 무수한 예비 수료생들에게 확실하고 평생 누릴 수 있는 '거룩한 매임'을 마련해주기 위하여 나는 지금도 기도하고 있습니다.

5. 하나님께 말씀암송을 생활화하기로 서원하라

하나님의 자녀는 제아무리 의지가 연약한 자라도 하나님께 간절히 기도하며 매달리면 엄청난 일을 감당해낼 수 있습니다. 나는 겁이 많고, 소심하고, 잘 울고, 잘 놀라고, 무서운 영화를 보면 금세 가슴이 쿵덕쿵덕 방망이질 치는 얼뜨기 소년이었습니다.

그런 사람이 마흔에 예수님을 영접하고 뒤늦게 기독교 출판을 하겠다고 뛰어들어, 이 험난한 세상에서 살아올 수 있었던 것은 전적인 하나님의 은혜입니다. 진실로 하나님은 나의 작은 기도조차도 다 응답해주신다는 확신을 가지고 살아왔기에 오늘까지 살아남았다고 생각합니다.

물론 본성이야 어디로 가겠습니까? 이 나이에도 슬픈 사연이 실린 신문을 읽다 눈물 짓고, 이산가족이 만나는 장면을 보면서 주체할 수 없이 흐르는 눈물을 닦아내느라 정신이 없습니다. 그러나 두려움이나 불안은 비교적 쉽게 이겨내며 삽니다. 하나님이 항상 함께하신다는 믿음과 기도 덕분이지요.

여호와는 나의 빛이요 나의 구원이시니 내가 누구를 두려워하리요
여호와는 내 생명의 능력이시니 내가 누구를 무서워하리요 시 27:1

믿음은 믿어져야 함을 나는 깨닫게 됩니다. 사랑도 마찬가지입니다. 사랑하는 마음이 내 속에서 우러나야 참사랑이지 나의 의지나 이성으로 사랑하려 한다고 되는 것이 아닙니다. 두려움도 마찬가지입니다. 두려

위하지 않으려고 아무리 애써도 속에서 생겨나는 두려움을 이겨낼 수 없습니다. 그러나 주께 간절히 기도하면 모든 두려움이 사라지고 평안이 옵니다.

말씀암송도 마찬가지입니다. 아무리 암송하려고 노력해도 말씀을 사모하는 마음이 우러나지 아니하면 외워지지 않습니다. 성도의 모든 것은 주의 도우심으로 이루어지고, 모든 성도는 주님 없이 살 수 없습니다. 말씀암송을 지속하여 생활화하기 위해서는 처음부터 끝까지 주님께 의지하는 수밖에 없습니다.

그런데 문제는 주님께 의지할 뿐 아니라 서원誓願을 해야 하는데, 이것이 쉽지 않다는 것입니다. 간구하기는 비교적 쉽지만 서원하기는 쉽지 않습니다. 간구하면 응답은 주님께로부터 오지만, 서원하면 이를 실행할 책임이 전적으로 사람에게 있기 때문입니다. 우리는 쉽게 사는 데 이력이 난 존재들이기에 되도록 피땀 흘리지 않고 평안히 살기를 원합니다. 그러므로 마음이 연약한 성도가 말씀암송을 생활화하기 위해서는 부득불 죽으면 죽으리라는 각오로 하나님께 서원하지 않으면 안 됩니다.

네가 하나님께 서원하였거든 갚기를 더디게 하지 말라
하나님은 우매한 자들을 기뻐하지 아니하시나니 서원한 것을 갚으라
전 5:4

말씀암송을 목숨 걸고 생활화하겠다고 하나님께 서원해 놓으면 자신을 추스르는 데 큰 도움이 됩니다. 우리의 각오와 의지만으로는 말씀암송을 지속하기 어려우나, 하나님께 서원하고 이를 지키려 하면, 저절로 기도를 지속하게 되고, 주님께서 힘을 더하여 주심으로 넉넉히 감당하게 되는 것이지요.

하나님께 서원한 것을 주변 사람들에게 알리는 것도 좋습니다. 배우자나 자녀에게 선포해 놓으면 거룩한 매임이 되는 것이지요. 구역 식구들이나 교회에 선포하는 방법도 있습니다. 그러나 이것은 다분히 오해를 살 소지가 있습니다. 자기자랑으로 받아들이기 십상이기 때문입니다. 그러나 중심을 보시는 하나님께서는 그렇게 하는 것이 곧 연약한 자아를 추스르기 위한 이중 방어 장치임을 아십니다.

말씀을 늘 암송, 묵상한다는 것은 말씀의 거울 앞에 벌거벗은 자아를 비춰보는 것과 같습니다.

성도의 성결한 삶은 오직 성령의 감동으로 하나님의 말씀의 거울에 비취는 자아를 추스르면서 살 때에만 가능합니다. 그러기 위하여 말씀을 늘 암송할 수 있는 이중 삼중의 확실한 방어 장치가 필요합니다.

6. 투철한 사명의식을 가져라

내가 오늘까지 자나 깨나 말씀암송과 더불어 살 수 있었던 원동력은 아래와 같은 데 있습니다.

첫째로, 하나님께서 말씀을 사모하는 마음을 주신 것.

둘째로, 사업상 극한의 경제적 어려움이 10여 년 지속되는 동안 말씀으로 위로 받고, 힘 얻고, 지혜 얻게 하신 것.

셋째로, 일찍이 303비전을 주셔서 이 사명을 다하기 위하여 장학회를 세워 신학생들을 훈련시키게 하신 것.

넷째로, 역시 303비전을 이루기 위하여 303비전성경암송학교를 세워 유니게과정을 통하여 어머니, 할머니, 교회학교 교사, 목사, 전도사, 사모 교육을 실시하게 하신 것.

이중에서도 세 번째와 네 번째의 303비전의 푸른 꿈을 펼치기 위한 사명의식은 나로 하여금 스스로 말씀암송을 생활화하는 데 가장 큰 동기부여가 되었음을 새삼 깨닫게 됩니다.

젊음의 특징은 꿈이 있고 열정이 있다는 것입니다. 꿈이 있고 열정이 있으면 70, 80살이 되어도 백발의 젊은이입니다. 모세, 여호수아, 갈렙이 그랬습니다. 꿈이 없고 열정이 없으면 나이는 비록 20, 30살이어도 애늙은이입니다. 오늘의 꿈을 잃은 많은 젊은이는 애늙은이에 불과합니다. 꿈은 이루어지게 마련입니다. 꿈이 있는 곳에 생기가 돕니다. 꿈이 있으면 더 부지런하게 되고 더 열심을 내게 됩니다. 꿈이 있으면 어떤 어려움이 닥칠지라도 넉넉히 이겨나갑니다. 무엇보다도 주님 안에서 꿈과 사명의식이 있으면 항상 마음에 기쁨이 있고, 흔들림이 없으며, 하는 일에 우선순위가 정해져 있어서 능률적이며 효과적입니다.

세상 돌아가는 모든 것이 바람직하지 못할 뿐 아니라 때로는 절망적일지라도, 우리는 내일의 황홀한 꿈과 사명의식이 있기에 더욱 힘내어

뛸 수 있습니다. 사명의식만 투철하다면 말씀의 생활화를 스스로 이루어가는 데 우선순위를 두고 불철주야 전력투구하는 21세기 '홀리클럽 Holy Club'이자 창조적 소수가 될 수 있으리라 믿습니다.

Question 영육 간의 강건함을 회복하고 싶어요!

뜨겁게 성령체험도 하고, 말씀 속으로 흠뻑 젖어들기도 했습니다. 그런데 어느 순간 제 신앙생활이 매너리즘에 빠져 있는 걸 봅니다. 큐티와 성경통독, 암송과 새벽기도, 그 어떤 것도 2주 이상 지속을 못합니다. 쉬었다 다시 시작하려면 너무나 어렵고요. 하나님과 더욱 친밀해지고 싶고, 말씀으로 영육 간의 강건함을 회복하고도 싶습니다. 어떻게 하면 좋을까요?

Answer 체력과 영성을 함께 키워보세요.

날이 갈수록 절실히 깨달아지는 것이 있습니다. 하나님의 섭리의 오묘하심입니다. 하나님은 무한대의 우주를 말씀으로 만드셨고, 한 치의 오차도 없이 이 우주 만물을 운행하십니다. 이른바 '소우주'라고 부르는 인간의 몸을 만드시고, 자유의지를 주셔서 세상을 다스리게 하셨지요.

그중에 가장 신비로운 것은 인간이 스스로 건강을 유지 발전시킬 수 있는 길을 여러 가지로 준비해 놓으셨다는 것입니다. 이를테면, 약물을 복용함으로, 적당한 운동을 함으로, 신선한 공기를 마심으로 인간은 건강을 회복하기도 하고 유지 발전시킬 수도 있게 하셨습니다. 특히 마음의 평화와 꿈을 가짐으로, 신앙과 학문을 통해서, 기도나 선행을 통해서 영육 간의 건강을 회복, 유지, 발전할 수 있도록 길을 예비해 놓으셨습니다.

나는 이미 35년 전에 새벽예배를 열심히 드리고 말씀과 기도에 은혜를 받는 가운데 그동안 약물로도, 침구로도 고치지 못하던 척추디스크를 불과 6개월 만에 깨끗이 치료받았습니다. 나는 이미 많은 하나님의 치유의 은혜를 체험했지만, 최근에는 말씀암송과 묵상을 통해서 베풀어주시는 하나님의 사랑의 섭리를 절감하고 있습니다.

21세기 한국교회를 이끌어갈 '예수님의 영성, 품격, 건실한 체력'을 갖춘 영적 지도자를 지향하는 303비전장학회 학생들에게 부족하나마 나의 모범을 통해 지속의 훈련을 위한 목적으로 '나의 지속 노력 보고'라는 것을 303비전장학회 카페(http://cafe.godpeople.com/holyisulbi)에 올린 지 10년이 넘었습니다. 주께서 크게 힘주시고 도와주셔서 60대 중반이었던 때에 비해 70대 중반을 넘어서며 도리어 회춘의 기력과 체력을 쌓아가게 되었습니다. 시작했을 당시의 불룩했던 배는 간 곳 없고, 가느다랗고 허약하기만 했던 팔다리 근육은 전보다 굵어졌고, 밋밋했던 가슴은 역도선수까지는 넘보지 못할지라도 제법 근육질로 나름대로 봐줄만하게 되었습니다. 하나님의 말씀으로 영육 간의 강건함을 회복하는 데 조금이나마 도움이 되기를 원하는 마음으로 그간 카페에 올렸던 지속 노력 보고 몇 편을 소개합니다.

나의 지속 노력 보고 (2003.12.10)

고희古稀를 넘어선 몸으로 청년의 때에 이루었던 역삼각형의 몸매를 다시한 번 이루어보리라는 가상한(?) 꿈을 기필코 이루어내리라는 뜻과 계획을 가족들 앞에 선포하였고, 하나님께 서원했으며, 차질 없이 날마다 진행하고 있다.

최근에 시작한 통나무 허리 펴기 장치에서 가볍게 팔굽혀펴기를 20-25회하고 나면 어깨가 확 펴지고 발걸음이 가벼워진다. 거기서부터 요 15:1-17, 1:1-18 ; 마 5:1-16, 7:1-14 ; 고전 13:1-13 ; 신 6:4-9절을 영어로 암송했다. 어제는 사람들이 없어서 혼자 제법 큰 소리로 마치 강단의 설교자처럼 말씀을 외치며 걸었다.

집에서는 아령으로 팔을 굽혔다 폈다 하기를 50번씩, 자세를 다양하게 바꾸어가며 하고 나면 땀이 나기 시작한다. 사무실에서도 팔굽혀펴기 받침대에 의지하여 수시로 15회 내지 20회를 한다. 분당 탄천 평행봉에서는 양팔 걸치고 앞뒤로 흔들기를 15회 힘들이지 않고 한다. 철봉 매달리기는 오른쪽 어깨의 시큰거림이 나을 때까지 자제하고 있다. 집(5층)과 사무실(4층)은 씩씩하게 걸어서 오른다. 일전에 사우나에 가서 거울에 비친 몸매는 이제 기초공사 단계를 넘어 60퍼센트 시공 단계에 들어섰음을 확인할수 있었다. 이대로 간다면 2004년 봄쯤에 이르면 70퍼센트, 여름에는 80퍼센트까지 완공되지 않을까 생각한다.

어제는 밤 9시경 집을 나섰다. 바람이 유난히 차고 밤이 깊은지라 탄천길에는 평소의 많은 인파는 간 곳 없고 한두 사람이 걷고 있었다. 나는 집을 나서면서부터 고린도후서 4장 16절 말씀을 우리말과 영어로 반복하여 암송하며 빠른 걸음으로 걸었다.

그러므로 우리가 낙심하지 아니하노니
우리의 겉사람은 낡아지나 우리의 속사람은 날로 새로워지도다
Therefore we do not lose heart.
Though outwardly we are wasting away,
yet inwardly we are being renewed day by day.

'주여, 감사합니다. 주께서 저로 하여금 매일 운동을 지속케 하사 겉사람을 날로 새롭게 하여 주시며, 말씀암송과 묵상을 통하여 속사람도 날로 새로워지고 있으니, 이 어인 은혜입니까?'
최근에 요한삼서 2절 말씀을 영어로 외우면서 나로서는 놀라운 사실을 깨달았다.

사랑하는 자여 네 영혼이 잘됨 같이
네가 범사에 잘되고 강건하기를 내가 간구하노라

Dear friend, I pray that you may enjoy good health and that all may go well with you, even as your soul is getting along well.

이를 직역하면, 건강을 범사의 형통보다 먼저 내세우고 있는 것이 아닌가? 그리하여 NLT 영어성경을 보았더니 "Dear friend, I am praying that all is well with you and that your body is as healthy as I know your soul is."라고 했다. 이를 직역하면, '사랑하는 이여, 네가 범사에 잘되고, 나의 아는 바 네 영혼의 잘됨같이 네 육체도 강건하기를 기도하노라'가 아니겠는가? 여기서는 영과 육의 강건을 동격으로 보고 있다.

육체의 소욕을 위한 강건이 아니라 주의 일을 온전히 감당하기 위한 강건은 참으로 귀한 일이다. 많은 사람들이 꾸준한 운동보다 손쉬운 방법, 곧 특효를 선전하는 약물이나 특별한 한두 번의 처방으로 건강을 누리려는 반면에, 지속적으로 운동을 하지는 못하는 것을 보면서 마태복음 7장 13,14절 말씀이 떠오른다.

좁은 문으로 들어가라 멸망으로 인도하는 문은 크고 그 길이 넓어
그리로 들어가는 자가 많고 생명으로 인도하는 문은
좁고 길이 협착하여 찾는 자가 적음이라

나의 지속 노력 보고 (2006.1.18)

지난 해 10월의 14차 보고에 이어 15차 보고를 올린다. 2003년 7월 30일에 첫 보고를 올린 후 만 2년 4개월 만이다. 나의 처음 의도는 303비전을 품은 장학생들에게 무슨 일이든지 지속하기만 하면 반드시 놀라운 열매를 맺을 수 있다는 것을 삶으로 보여주기 위함이었다. 장학생들에게 도움이 된 줄 믿으나 나 자신에게도 많은 유익을 가져다주었다. 물론 쉬운 일은 아니었다. 그러나 처음이 힘들었을 뿐, 일단 체질화가 되고나니 '지속 노력'이 이제는 삶의 건전하고 유익한 리듬이 되어버렸다. 이 지속 노력 보고는 자원하여 만들어 매이게 된 나의 '거룩한 매임'이다.

일주일에 4-7일은 새벽예배에 가고 오는 4.5킬로미터를 신나게 걷는다. 새벽 공기의 신선함을 만끽하면서 양팔을 90도에서 180도까지 흔들어가며 빨리 걷는다. 몸은 움직이면서 입으로는 말씀을 암송하니 "도랑 치고 가재 잡는" 즐거움과 유익이 있다. 한겨울 몹시 춥고 빙판이 심할 때나 비바람이 심하게 부는 새벽 외에는 늘 그리한다.

평행봉에 양팔 걸치고 앞뒤로 흔들기는 여전히 12-15회를 거뜬히 하며, 철봉에 매달리기는 20-30을 헤아릴 때까지 어렵지 않게 견딘다. 40-45도 각도로 팔굽혀펴기는 51번씩 깊숙이 팔을 굽혀 가슴이 닿을 정도로 한다. 요즈음에는 목을 좌우로 번갈아 돌리면서 목운동도 겸하고 있다. 윗몸일으키기는 평균 15회 반복한다. 또한 늦은 오후에는 탄천을 뒷걸음으로 500-1,000미터 가량을 기쁜 마음으로 걷는다. 가슴과 어깨, 허벅지, 팔, 다리에는 단단한 근육이 조금씩 더 붙는 것 같다.

최근에는 영어 암송을 많이 한다. 이미 암송하였으나 잊어버린 말씀은 다시 복원하면서 시편 1, 8, 23, 50:14,15, 100, 103:1-5, 121, 126, 127, 128, 133, 150편까지 외우다가 기억이 전혀 나지 아니하면 가로등 아래에 멈춰서서 들고 가던 영어성경을 펼쳐 확인한다. 오늘 새벽에는 이사야서 53장 1,2절을 영어로 반복 또 반복하면서 익혔다. 그 밖에 시편 118편 24절과, 시편 119편 18절 말씀은 한글과 영어로 늘 즐겨 암송 묵상한다. 최근에는 우리말로 갈라디아서 5장, 에베소서 6장, 빌립보서 4장, 요한일서 1장도 반복 암송하고 있다.

이 날은 여호와께서 정하신 것이라
이 날에 우리가 즐거워하고 기뻐하리로다 시 118:24
This is the day the Lord has made ; let us rejoice and be glad in it.

내 눈을 열어서 주의 율법에서 놀라운 것을 보게 하소서 시 119:18
Open my eyes that I may see wonderful things in your law.

나의 지속 노력 보고 (2008.4.16)

연말에 22번째 보고를 올린 지가 엊그제 같은데, 벌써 새해가 넉 달 반이나 지났으니, 세월이 어찌 그리 빠른지. 돌이켜 생각하니, 예수님을 믿기 시작한 40대는 세월이 어영부영 지나갔고, 주께 받은 사명을 좇아 일하기 시작한 50대는 강물처럼 흘러갔으며, 이슬비전도로 전국 방방곡곡을 누비던 60대는 쏜살같이 날아갔으며, 성경암송교육과 303비전꿈나무 모범생들을 길러내는 70대에 들어서니 내가 곧 시간이고, 시간이 곧 나의 생명인 것을 발견하게 되었다. 따라서 지금은 내게 주어진 사명 곧 303비전을 위한 일에 전력할 뿐 아니라 그 밖에는 어떤 일에든지 초연하기로 작심하고 산다.

새벽예배를 빠지면 죽는 줄 알고 열심을 내지만, 몸살감기가 한번 찾아오면 그게 그리 쉽지 아니하다. 그러나 새벽예배를 드려야 날마다 정해진 분량의 기도와 운동 그리고 말씀암송의 고리가 제대로 풀려나가기에 웬만하면 빠질 수가 없다. 새벽예배 후 귀갓길에 하는 팔굽혀펴기는 여전히 32회로 머물러 있지만, 평행봉에 양팔 걸치고 앞뒤로 흔들기는 16회에서 20회로 횟수를 늘렸다.

어느 날 기독교출판협회 이사회를 다녀온 막내 아들이 말했다.

"원로 장로님들이 저를 만날 때마다 아버지 안부를 물으셔요. 그래서 제가 '장로님은 새벽마다 평행봉에 팔 걸치고 앞뒤로 흔들기를 20회씩 하십니다' 라고 말씀드렸어요."

"16회인데 20회라고 말하면 거짓말하는 게 되잖니? 왜 그런 말을 했니?" 라고 내가 불편한 마음을 보이자, "아버지, 저는 20회 하시는 줄 알았거든요. 이제부터 20회 하시면 되겠네요"라고 말하면서 내게 힘을 실어주었다. 이쯤 되니, '아, 하나님께서 아들의 착각 발언을 통해서 횟수를 늘리라고 말씀하시는구나' 라는 생각이 들어서 처음엔 약간 힘이 들었지만, 다음 날부터 20회로 늘렸다. 효자(?) 아들 덕에 이젠 자연스럽게 20회 흔들기를 한다. 그뿐 아니라, 철봉에 매달려 16까지 세었던 것도 20 혹은 24까지 버티고, 윗몸일으키기도 16회에서 20회로 늘려 나로선 대단한 발전을 하게 되었다.

나의 영성훈련은 너무나 단조롭다. 새로운 말씀을 암송하고, 반복한다. 그리고 묵상 및 하늘언어(방언)를 한다. 새롭게 암송한 말씀은 알고 보면, 전에 이미 암송했던 말씀을 까맣게 잊고 있다가 다시 암송하는 것이 보통이다. 최근에는 시편 37편 1~9절과 잠언 16장 1~9절 말씀을 우리말과 영어로 매끄럽게 암송할 만큼 많이 반복했다.

또한 '마 11:28~30 ; 요 7:37~39, 8:31,32,36 ; 사 40:27~31, 41:10, 42:1~4, 43:1,19~21, 60:1~3 ; 행 2:1~4, 20:24 ; 롬 3:23,24, 12:1,2 ; 수 1:8,9 ; 갈 2:20 ; 살전 2:13 ; 고후 5:17' 말씀을 우리말과 영어로 그리고 갈라디아서

6장 1-18절을 우리말로 반복 암송, 묵상하는 은혜를 누려 왔다.

로마서는 1장부터 16장까지 징검다리 뛰어넘듯 매일 한두 번은 연속적으로 암송해오고 있는데, 며칠 전에 시간을 재보았더니, 총 120여 절을 암송하는 데 16분이 걸렸다. 그리고 8장 전장 1-39절은 3분 걸렸다. 제법 빨라진 셈이다.

이 밖에도 이사야서, 4복음서, 서신서, 요한계시록 등 이미 암송한 말씀들을 우리말로 반복 암송 묵상하는 일은 아무에게도 빼앗길 수 없는 나에게 주어진 보배요, 특권이다.

오늘 내가 네게 명하는 이 말씀을 너는 마음에 새기고

네 자녀에게 부지런히 가르치며 집에 앉았을 때에든지 길을 갈 때에든지

누워 있을 때에든지 일어날 때에든지 이 말씀을 강론할 것이며

신명기 6장 6,7절

These commandments that I give you today are to be upon your

hearts. Impress them on your children. Talk about them when

you sit at home and when you walk along the road, when you lie

down and when you get up.

Deuteronomy 6:6,7

Part 2

자녀교육의
왕도는 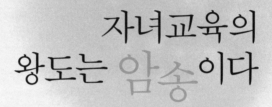암송이다

암송교육의 핵심

황홀한 꿈 303비전

5장

암송교육의
핵심

어두운 세상, 희망의 불빛

우리는 대대로 비교적 마음이 착하고 순수한 성품의 민족이라는 자부심을 가지고 있습니다. 다른 나라를 침범한 일도 없었고, 남에게 위협을 준 일도 없었습니다. 도리어 침략을 받아 괴로움을 받기만 했습니다. 아무튼 우리는 조상 대대로 가난하지만 착하고 순수하게 살아온 것만은 사실입니다. 그러나 경제적인 형편이 나아지면서 개인이나, 가정이나, 사회나, 국가가 엉덩이에 뿔 난 못된 송아지처럼 되어가고 있습니다.

요즘 들어 부쩍 거짓말, 왕따, 눈속임, 모함, 사기, 도둑질, 과음, 간음, 살인 등 온갖 좋지 않은 일들이 세상을 뒤덮은 것 같이 느껴집니다.

보라 어둠이 땅을 덮을 것이며 캄캄함이 만민을 가리려니와 사 60:2

왜 이렇게 세상이 어두워져만 갈까요? 이대로 가다가는 30년 안에 이 민족은 멸망의 늪으로 빠지고 말 것입니다. 우리 후손이 제대로 사람답게 살려면 이 세상은 바뀌어야만 합니다. 세상이 바뀌려면 구성요소인 사람이 바뀌어야 합니다. 사람이 바뀌려면 어려서부터 가정에서 올바른 교육을 받아야 합니다. 구체적으로 말씀암송으로 잘 훈련되어야 합니다. 가정에서 잘 훈련되려면, 그 부모가 삶으로 본을 보여주어야 하는데 부모가 본이 되는 삶을 살지 못하는 것이 문제입니다.

부모들은 나름대로 자신이 받지 못한 훈련을 자녀에게 하는 데 어려움을 겪고 있습니다. 그들은 어려서부터 말씀암송을 하지 못하고 자랐기에 마음은 원이로되 도리어 행위는 원하지 아니하는 길을 택하게 되는 것입니다.

다 큰 사람의 성품이 변화한다는 것은 거의 불가능에 가깝습니다. 다 자란 후에 성경을 공부하고, 많이 읽고, 쓰고, 암송하고, 예수님의 온유함을 몸에 익히려 해도 이미 잘못 길들여진 성품이 바뀌기란 얼마나 어려운 일인지 모릅니다.

그런즉 누구든지 그리스도 안에 있으면 새로운 피조물이라

이전 것은 지나갔으니 보라 새것이 되었도다 고후 5:17

Therefore, if anyone is in Christ he is a new creation:

the old has gone, the new has come.

나는 이 말씀에 큰 은혜를 받아서 영어로도 암송하고 즐겨 묵상하면서 나 자신이 옛사람은 벗어버리고 새사람이 된 줄로 믿어왔습니다. 그러나 어느 날 나 자신이 옛사람으로 남아 있다는 사실을 깨닫고 얼마나 당황하였는지 모릅니다. 회개한 후에도 내 속에 여전히 옛 사람이 자리하고 있음을 깨닫는 순간, '맞다. 나는 새사람이 되기를 원하였고 그리되려고 피나는 노력을 지불한 것만은 사실이다. 그러나 내 속에는 여전히 어려서부터 오늘까지 훈련되어온 옛사람인 골동품 자아自我가 나를 지배하고 있다'는 두렵고 실망스러운 사실을 뒤늦게 대면했습니다.

인간의 도리를 몰라서 잘못 사는 사람은 거의 없습니다. 알지만 훈련되지 않았기에 아무리 가르쳐도 그 성품과 삶은 여전히 옛사람으로 사는 것이지요. 이런 사람들을 생각하면 가르치는 입장에서나 배우는 입장에서 얼마나 안타까운지요.

나는 일찍이 '생명의전화'에서 10년 동안 1,300시간의 전화 상담을 했고, 서울가정법원 소년자원보호자로 수많은 10대들을 상담 및 선도한 경험이 있습니다. 지금은 갓피플닷컴에서 사이버 전도 상담을 하고 있고 여러 상담 사례들도 눈여겨보고 있습니다.

이런 경험을 통해 느끼는 것은 지금 우리나라의 청소년은 물론이려니와 청장년 대부분이 성인아이adult-child의 수준을 넘지 못하고 있는 것이 사실입니다. 몸은 비록 어른이 되었지만, 감정 표현은 어린아이의 수준에 머물러 있어서 인간관계에 어려움을 겪고 있습니다. 그런 성인아이 수준의 미숙한 부모 아래서 우리의 소중한 후세대가 자라고 있다는 것은 가정적으로 뿐만 아니라 사회적, 국가적으로도 큰 문제가 아닐 수 없습니다.

19세기 덴마크는 프러시아와의 전쟁에서 패해 막대한 배상금을 물어 주고, 유럽 대륙 북부의 곡창지대인 슬레스비히와 홀슈타인 지역을 넘겨주었습니다. 그런 상태에서 온 국민이 절망의 늪에 빠져 낙심하고 있을 때, 그룬트비히N. F. S. Grundtvig 목사가 제창한 '하나님과 이웃과 땅 사랑의 3애三愛정신' 의식개혁운동으로 회생의 계기를 마련하게 되었습니다. 이렇게 하나님은 한 사람을 사용하여 한 국가를 건지시는 분이십니다.

우리나라의 오늘과 내일의 형편을 돌아보면 남북문제를 비롯하여 정치, 경제, 사회의 다양한 문제들이 떠오릅니다. 그러나 그 어떤 문제보다도 내일의 주인공이 될 우리의 후세대들을 어떻게 교육해야 하느냐는 문제가 가장 시급하며, 가장 중대한 문제가 아닐까요?

우리의 사랑스럽고 존귀한 어린 자녀들은 지금 이 순간도 무럭무럭 아니, 꽉꽉 자라고 있습니다. 오늘의 젖먹이가 내일이면 유치원에 가고, 눈 깜짝할 사이에 초, 중, 고등학교를 졸업하고 대학생이 됩니다. 그런가 하면 곧 결혼하여 자녀를 낳고, 사회에서 중책을 맡게 됩니다.

자녀는 부모가 어떻게 가르치느냐에 따라 선하게도 악하게도 자랄 수 있습니다. 우리 기성세대는 어린이 교육에 큰 관심을 기울여야 합니다. 묘상에서 줄기가 굽으면 굽은 나무로 자라고, 죽순에 삼각기둥 관을 씌우면 원주 모양으로 자라야 할 대나무가 삼각기둥 모양으로 자란다고 합니다. 이처럼 우리 아이들도 어떤 환경에서 어떤 교육을 받느냐에 따라 전혀 다른 인격과 능력의 소유자로 자라게 됩니다.

우리의 현실은 어둡지만 절망하지 않는 이유는 우리에게는 꿈이 있기 때문입니다. 아름다운 가정, 아름다운 부부애, 아름다운 자녀교육의 꿈 말입니다. 부모님 슬하에서 10세 안팎까지 하나님의 말씀을 읽고 듣고 배우고 암송하며, 묵상하며, 삶에 적용하는 훈련을 받고 자란 자녀는 예수님의 참제자가 될 수 있다는 꿈이 곧 '303비전'입니다.

지금 세상에서는 꿈이 없이 자녀를 낳아 기르려 하기 때문에 자녀교육이 경제적 부담으로만 여겨지는 것입니다. 그러나 우리 크리스천들은 말씀태교로 신인류를 창조한다는 꿈으로 아기를 많이 낳고, 그들에게 조기 말씀암송훈련을 시켜 영적, 인격적으로 차별화된 세계적인 인물들로 키워내야 할 것입니다.

자녀교육의 핵심은 암송

아이들이 연중 가장 손꼽아 기다리는 날이 어린이날입니다. 가정마다 어린이를 기쁘게 해주려고 들로 산으로 놀러 가기도 하며, 놀이공원으로, 극장으로 나들이 가기도 합니다.

TV에서는 어린이날 특집 프로그램이 방영됩니다. 어린이를 어떻게 키워야 할 것인가에 대해 전문가와 대학교수들의 말도 듣고, 세계 각 나라의 어린이들은 어떻게 보호받고 자라는가도 보도합니다. 부모 없이 외롭게 자라는 어린이, 시설에서 자라는 장애 어린이들을 찾아가 위로도 하고, 학대받는 어린이들의 실상을 고발하기도 합니다. 어린이를 사랑하는 어른들의 마음이 아름답게만 보입니다. 그렇습니다. 어린이는 무한한 가능성을 지닌 가정의 보배요, 국가의 희망입니다.

보라 자식들은 여호와의 기업이요 태의 열매는 그의 상급이로다

시 127:3

크리스천 부모들은 자녀를 하나님께서 주신 상급 곧 선물로 여기고, 자녀를 하나님의 뜻대로 키우기 원합니다. 그러나 안타깝게도 자녀양육의 참지혜를 얻지 못하여 애태우는 부모들이 너무 많습니다. 자녀교육의 제1현장은 가정입니다. 이제까지 많은 부모들은 자녀를 교회학교에 보내기만 하면 말씀대로 자라는 줄로 믿어왔습니다. 물론 교회학교에서 잘 배워 그리스도의 성품을 닮은 인물로 자랄 수 있습니다. 다만, 일주일 168시간 중 한두 시간의 교회학교 훈련만으로는 100시간 이상을 담당하는 가정교육에 비교가 되지 않습니다.

자녀교육의 제1현장이 가정이고, 자녀교육의 내용은 말할 것도 없이 하나님의 말씀을 먹이는 것입니다. 곧 말씀을 암송시키는 것입니다. 많은 말씀을 암송시키기 위하여 교과서 가르치듯 한 번 암송하고 다음으로 넘어가는 것이 아니라, 옛 조상님들이 처음 글을 배우는 아이들에게 《천자문》을 반복 암송시켰던 것처럼, 지혜의 근본인 하나님의 말씀을 어린이의 뇌에 영구 저장시키는 것입니다.

오늘 내가 네게 명하는 이 말씀을 너는 마음에 새기고

네 자녀에게 부지런히 가르치며 신 6:6,7

7절 "네 자녀에게 부지런히 가르치며"라는 부분을 NLT(New Living Translation) 영어성경에서는 "Repeat them again and again to your children." 이라 했고, NIV(New International Version) 영어성경에서는 "Impress them on your children." 이라 표현했습니다. 개역한글 성경에서는 "네 자녀에게 부지런히 가르치며"라고 했고, 공동번역본에서는 "이것을 너희 자손들에게 거듭거듭 들려주어라"라고 했습니다.

'impress'는 '깊이 감동시키다' '감명을 주다' '명심하게 하다'는 뜻이 있습니다. 이를 종합해서 신명기 6장 7절 말씀을 설명하면, '네 자녀에게 하나님의 말씀을 거듭거듭 들려주어 암송하게 하고, 부지런히 가르치고 가슴 깊이 새겨서 성령의 감동을 받게 하라'라는 뜻이 아닐까요?

이렇게 하기 위해서는 먼저 어머니, 아버지가 거듭거듭 말씀을 읽고 그 말씀을 암송해야 하겠지요. '성경을 읽히고 가르치면 됐지 꼭 암송시켜야 한단 법이 어디 있느냐?' 할 수도 있습니다. 하나님의 말씀을 듣고 배우는 것과 암송시키는 것은 전혀 다릅니다. 구구단과 수학 기본공식은 배우는 것이 아니라 암송해야 합니다. 물리나 화학의 기본법칙 또한 암송해야 합니다.

하나님의 말씀도 마찬가지입니다. 말씀을 주야로 묵상하라는 하나님의 명령에 따르기 위해서는 암송해야 합니다. 감사하게도 하나님은 모든 어린이에게는 암송의 달란트를 주셨습니다. 그러나 아이들이 자라면서 생각하고 이해하고 판단하는 달란트를 주시면서 암송의 달란트를 거두어가십니다.

그렇기 때문에 부모들은 아이가 어릴 때부터 가정에서 말씀을 암송하게 하고, 날마다 말씀암송가정예배를 아이와 함께 드려서 말씀암송과 가정예배가 체질화되도록 훈련해야 합니다. 하나님의 말씀을 어려서부터 암송하면 처음엔 그 뜻도 모르고 외우지만 놀랍게도 말씀에는 신비한 권능이 있어서 그 어린이의 생각하는 것과 말하는 것, 깨닫는 것이 달라지고, 행동하는 것이 달라집니다.

세 살 버릇을 잘 들여 놓으면 평생을 복되게 삽니다. 기독교 가정에서 자라난 어린이는 비교적 말씀암송에 쉽게 익숙해지는 반면에, 비기독교 가정에서 자라난 어린이는 우선 이해하기가 쉽지 않은 성경 언어에 싫증을 내면서 암송교육에 적응하기가 훨씬 어렵습니다. 이는 어려서 익숙해진 문화가 그의 평생에 영향을 끼친다는 증거가 됩니다.

주위를 둘러보면 자녀들의 조기교육을 위하여 영어, 미술, 음악, 바둑에다 골프까지 부지런히 챙기는 어머니들은 많으나 말씀암송교육에 솔선수범하는 어머니는 거의 없으니 하나님 보시기에 얼마나 안타까우실까요?

자녀교육의 제1현장인 가정에서 하나님의 말씀을 자녀의 가슴에 새기는 일보다 더 중요한 일은 없습니다.

1. 우선순위와 타이밍을 놓치지 말라

'우선순위priority'와 '타이밍timing', 무엇보다도 어린이들을 생각할 때 이 두 단어가 나의 생각을 사로잡습니다. 나는 암송학교를 시작하기 전에 초등학교 3학년 이상의 어린이와 그 엄마들만 신청을 받으려고 했습니다. 그러나 곧 그 생각이 큰 착각이었음을 깨닫게 되었지요. 성인들의 경우를 보면, 어려서부터 말씀암송교육을 거의 받지 못하고 살아왔기에, 말씀을 암송한다는 것이 큰 부담이 됩니다. 그러나 5-7살 어린이에게 암송을 시켜보면, 불과 몇 번 엄마와 함께 암송한 말씀을 글자도 읽을 줄 모르면서 쉽게 기억하는 것을 발견합니다.

하나님은 아이들에게는 암송의 달란트를 주셔서 사물의 이름과 새로운 지식을 쉽게 암기하고 오래 기억하게 하십니다. 그러므로 아이들의 대뇌피질에 다른 정보가 입력되기 전에 하나님의 말씀을 입력시키는 것이 중요합니다.

"이건 뭐야? 저건 뭐야?"

"왜?"

"해는 누가 만들었어?"

아이들의 질문은 끝이 없습니다. 이때 들은 대답은 아이의 뇌리에 바로 입력이 됩니다.

어떤 어머니가 8살 난 큰 아이에게 고린도전서 13장을 암송시키면서 4살 난 동생은 아직 이르다고 여기고 가르칠 생각을 하지 않았습니다. 그런데 어느 날, 4살 난 아이가 블록으로 집짓기를 하면서 "내가 사람의 방언과 천사의 말을 할지라도…"라고 혼자서 암송하는 것을 듣고 엄마는 깜짝 놀랐다고 합니다. 이처럼 엄마들이 '저 어린 것이 무엇을 알랴?' 하는 생각으로 자녀의 왕성한 암기력을 썩히는 경우가 얼마나 많은지요.

5-7세 정도의 자녀라면 부모가 기도와 암송의 모범으로 훈련시키기만 하면 몇 달 만에 100절은 술술 암송할 수 있습니다. 말씀의 뜻을 잘 몰라도 칭찬받는 재미와 '나도 할 수 있다'는 자신감에 힘입어 즐겨 말씀을 암송하게 됩니다.

또한 날마다 엄마와 함께 드리는 말씀암송가정예배를 통해서 아이들은 믿음이 자라고, 하나님 중심의 사고방식이 몸에 배게 됩니다. 나아가 '예배 잘 드리기' 경건훈련과 '엄마 말씀 잘 듣기' 순종훈련, '예의범절을 잘 지키기' 예도훈련을 비롯해 식사훈련, 정돈훈련, 놀이훈련까지 자연스럽게 이루어지게 됩니다.

범사에 기한이 있고 천하만사가 다 때가 있나니
날 때가 있고 죽을 때가 있으며
심을 때가 있고 심은 것을 뽑을 때가 있으며 전 3:1,2

씨를 뿌릴 때가 있고, 싹이 나면 가꿀 때가 있습니다. 농사를 지을 때 논농사나 밭농사나 타이밍을 놓치면, 그 후에 아무리 발버둥 치며 노력해도 그 해 농사는 허사가 됩니다. 나는 농촌에서 자랐기 때문에 논농사를 잘 압니다. 모판〔苗床〕에 볍씨를 뿌려서 잘 가꾸었다가 때가 이르면 모심기〔移秧〕를 합니다. 열흘 정도의 모심기 기간을 넘기면 그 해의 벼농사는 실패하게 됩니다. 그러므로 농부는 모심기의 타이밍을 놓치지 않으려고 애를 씁니다.

하물며 자녀에게 바람직한 신앙교육을 시키려는 부모님이 이 제한된 기간, 곧 자녀가 10살 이전에 가정에서 말씀을 암송시키는 일에 대하여 농부가 모심기 타이밍을 맞추려고 노력하는 것보다 더 관심을 가져야 하지 않을까요? 그러나 실상은 자녀를 사랑하는 부모님은 많은 데 비하여, 자녀를 올바로 양육하고 있는 부모님은 그리 많지 않은 것이 참으로 안타깝습니다. 아니, 많지 않다기보다 사랑하는 자녀에게 말씀암송교육의 우선순위를 두는 부모님은 거의 없다는 표현이 맞을 것 같습니다.

그러면 우리의 사랑스럽고 귀여운 아이들을 어떤 환경에서, 어떤 교육을 시키는 것이 가장 이상적일까요? 가장 이상적인 것은 태교부터 말씀암송을 하는 것입니다. 아이가 엄마 배 속에 있을 때 할 수 있는 태교의 기회는 일생에 한 번, 불과 10개월뿐입니다. 이 동안에 바람직한 태교를 하느냐 그렇지 못하느냐에 따라 우리의 자녀는 빛의 자녀가 될 수도 있고, 그렇지 못할 수도 있습니다.

미처 말씀태교를 하지 못하고 낳은 아이라 할지라도 어려서부터 부모가 본을 보이면서 말씀암송을 하고 암송가정예배를 날마다 드리며 키운다면, 그 아이는 기성세대가 겪는 자아와의 처절한 투쟁에 시간과 노력을 낭비하는 대신 창조적이며 발전적인 길로 자신의 역량을 발휘할 수 있을 것입니다.

유아기는 불과 5,6년이며, 유년기는 3,4년입니다. 이 기간을 부모가 먹고 사는 일로 혹은 쫓기는 현실로 인하여 자녀에게 말씀암송교육을 시키지 못하고 소중한 기회를 놓치고 만다면, 그 자녀에게는 돌이킬 수 없는 비운을 안겨주고 맙니다. 그러므로 부모는 지극히 제한되어 있는 시간, 곧 3살부터 10살까지의 자녀들에게 주어진 암송체질화의 절대적인 기회를 어영부영 놓쳐서는 안 될 것입니다.

빈이는 엄마인 이정미 사모님이 임신 8개월 무렵 제7기 유니게과정에 등록하여 만삭의 몸으로 암송교육을 받은 후 2002년에 태어났습니다. 어려서부터 아빠인 강동협 목사님(당시 제5기 이슬비장학생)은 빈이를 조석으로 가슴에 품고 산책하면서 매일 말씀을 암송해주었답니다.

빈이는 글씨는 물론, 말도 제대로 할 줄 모르는 유아기부터 날마다 엄마가 그림책을 보여주면서 읽어주어, 서너 살 때부터는 1달에 1만 페이지 분량의 동화책을 제 손으로 넘겨가며 엄마에게 들은 대로 이야기하는 습관을 길렀고, 뜻도 모르는 영어방송을 계속 들려주는 동안 듣기 실력은 중학교 3학년 수준이랍니다.

그동안 개역한글판 성경으로 암송하여 오다가 바뀐 개역개정판으로 다시 암송하느라 처음엔 어려움이 있었으나, 2008년부터 엄마가 모범을 보이면서 빈, 조이, 늘봄 삼 남매 중심 암송가정예배를 매일 드리다 보니, 빈이는 200절을 암송하여 어엿한 303비전꿈나무 으뜸모범생이 되었습니다.

빈이의 아빠요, 《자녀의 가슴에 말씀을 새겨라》의 저자 강동협 목사님이 303비전장학회 카페에 올린 빈이의 암송 이야기를 나누고 싶군요.

✦ 암송 CD를 계속 들려주었더니

159절 돌파 축하선물로 축구화를 받은 후 5일이 지났다. 그 짧은 기간에 빈이는 엄마의 지도 없이 41절을 더 암송했다. 그렇게 200절을 돌파했다. 엄마가 "빈아, 암송 재미있니?" 하고 물으면, 빈이는 "암송 재미있어요"라고 대답한다.

엄마랑 도서관 가고 오는 동안 차에서 유니게과정 1,2단계 암송CD를 들은 지 4개월이 되자, 1,2단계 200절을 놀라울 정도로 쉽게 암송하는 것을 보며, 자녀 암송교육에 암송CD가 큰 도움이 됨을 절감한다. 아내와 아이들은 매일 도서관을 오가면서 1시간 정도 암송CD를 듣는다. 이미 암송한 말씀을 반복하여 들으면서 아직 암송하지 못한 말씀도 계속 듣다보니 빈이가 새로운 말씀을 한 절씩 한 번만 읽으면 곧바로 암송을 한다. 이해하기 어려운 절은 두어 번 반복하면 금방 암송하는 빈이의 모습에 엄마 아빠는 감동을 받아 "우리 집안에 암송 천재 났네!"라며 웃는다.

졸저 《자녀의 가슴에 말씀을 새겨라》에서 "많은 시행착오와 좌절 가운데서도 끝까지 포기하지 않는 것이 중요하다"라고 했는데 어린 자녀에게 암송교육을 체질화시키는 데는 정말 끈기와 지속이 중요함을 또 한 번 절감한다.

오늘날은 엄마와 아이와 함께 오래 시간을 가질 수 없는 부득이한 사정의 가정이 많습니다. 옛날에는 전업주부가 많았기 때문에 자녀의 조기 가정교육이 비교적 쉬웠으나, 지금은 직장을 가진 주부, 자영업을 하기 위하여 종일 집을 비울 수밖에 없는 주부, 전문직을 가진 주부들이 점점 많아져서 자녀의 가정교육에 엄두를 내지 못하는 경우가 많습니다.

그렇다면 바람직한 자녀교육과 현실적인 사정 중 어느 쪽에 우선순위를 두어야 할까요? 엄마가 집을 비우고 나가서 벌지 않으면 온 식구가 살아갈 수 없다든지, 그밖에 생사에 관한 심각한 경우가 아니라면 엄마는 자녀가 10살이 되기까지는 전업주부가 되든지, 재택근무하는 직업을 갖든지 비록 수입은 줄지라도 시간제 근무로 바꾸어 자녀교육의 타이밍을 놓치지 않기를 바랍니다.

한 여성 변호사는 10대 자녀의 잘못된 모습을 뒤늦게 발견하고, 피눈물 나는 회개와 죽으면 죽으리라는 각오로 임시 휴직을 하고 자녀가 바로 될 때까지 집에 있기로 했다는 이야기를 들었습니다. 용기 있고 잘한 결단이라고 봅니다. 아쉬운 대로 다행이라고 생각합니다. 하지만 그럼에도 불구하고, 자녀교육의 타이밍을 놓친 결과로 어긋 자란 자녀를 제대로 회복시킨다는 것은 엄마의 의지와 노력에 관계없이 참으로 어려운 일입니다.

소 잃고 외양간 고치는 누를 범하시겠습니까? 결코 그럴 수 없습니다. 우리 자녀는 하나님께서 양육을 맡겨주신 존귀한 하나님의 자녀이며, 20,30년 후 이 나라를 짊어지고 나아갈 주인공들이기 때문입니다.

부모는 영적으로 잠자고 있지 않은지 자신을 늘 돌아보아야 합니다. 본질을 떠난 문제로 바쁜 것이 아닌지, 혹은 입으로는 "자녀를 사랑한다, 우리의 미래를 꿈꾼다"라고 하면서 눈앞의 이익만을 바라보고 방향 감각을 잊은 채 바쁘게 달리고 있지는 않은지 말입니다.

2. 엄마가 먼저 암송하라

한국의 어머니들만큼 자녀교육에 관심도 많고, 온 정성을 다 쏟는 어머니는 지구상에서 찾아보기 힘들 거라는 말을 많이 들었고, 나도 그리 생각했습니다. 그러나 꼭 그렇지만도 않은 것 같습니다. 유니게과정 교육 중에 제출하는 엄마들의 암송일기를 통해서 발견한 사실이 있습니다. 말씀암송의 놀라운 기쁨을 맛본 많은 엄마들이 자녀의 암송교육에 관한 이야기보다는 자신이 깨달은 새로운 기쁨과 유익에 관하여 즐겨 씁니다. 그래서 일부러 엄마 자신에 대한 이야기보다 자녀의 암송교육 지도 과정과 그들의 반응에 대해 쓰라고 당부를 합니다.

물론 율곡 선생의 어머니 사임당에 버금가는 지혜와 정성을 쏟는 엄마들이 전혀 없다는 것은 아닙니다. 다만, 극히 드물다는 것이지요. 어떤 엄마들은 자녀를 유치원, 학원, 학교 등에 보내기만 하면, 자녀교육은 절로 이루어지는 줄 생각하는 것 같습니다.

암송학교에서 10여년 동안 엄마들을 만나면서 알게 된 사실은 오늘날 믿는 엄마들의 가장 큰 관심사는 자녀교육 이전에 자신의 신앙 갈등과 자아의 문제라는 것이었습니다. 신앙과 현실과의 갈등, 구원의 확신이 없음으로 인한 속앓이와 여전히 죄를 떨쳐버리지 못하는 아픔들로 이제까지 신앙생활에서 기쁨과 행복보다는 아픔과 갈등이 더 컸다고 고백하는 엄마들이 많았습니다. 그러다가 말씀을 암송하면서 자아를 되찾고, 긴 어둠의 터널을 벗어나게 되는 예도 보았습니다. 그러나 자신의 기쁨에 도취된 나머지 자녀들의 암송교육에 관한 사명을 깜빡 잊는 경우를 많이 봅니다.

또한 자녀에게 어려서부터 말씀암송을 체질화시켜서 예수님의 참제자로 키우고자 하는 의지보다는 자신의 교회 활동, 곧 여전도회 사역에서의 변화, 혹은 남편을 겸손하게 섬기는 중에 변화된 가정 분위기 등에 더 많은 관심이 쏠려 있는 것을 쉽게 발견하게 됩니다. 교회봉사를 통해 아름다운 열매를 거두는 것도 좋지만, 자녀의 조기암송교육과 암송가정예배에 엄마의 우선순위를 두면 얼마나 좋을까요.

많은 크리스천 엄마들이 《성경 먹이는 엄마》를 읽고 자녀교육에 대하여 눈이 뜨이기도 하고, 큰 도전을 받아서 그 책의 저자가 이수한 유니게 과정에 등록합니다. 엄마가 아이보다 먼저 말씀을 암송해야 하는 주목적은 어린 자녀에게 말씀암송 체질화의 본이 되기 위한 것입니다.

엄마가 자녀와 함께 날마다 말씀을 암송하고, 말씀암송가정예배를 지속하면, 그 자녀는 저절로 말씀암송이 몸에 배게 되고 엄마와 자연스럽게 대화할 기회를 자주 갖게 됩니다. 그 결과, 내적 갈등을 겪는 사춘기에 들어설지라도 그 자녀는 마음의 안정과 기쁨을 안고 자신감 넘치는 삶을 살게 됩니다.

그러므로 자녀를 위해서 반드시 엄마가 먼저 말씀을 암송해야 합니다. 크리스천 엄마들은 누구나 말씀암송을 사모하지만, 막상 암송하라고 하면 겁부터 냅니다. 어릴 때는 잘했지만, 지금은 기억력이 사라져서 도저히 감당할 자신이 없다고 합니다. 그러나 사랑하는 자녀를 위하는 일이라면 강렬한 모성애를 발동하여 도전할 수 있습니다.

3. 하나님 중심 사상을 주입하라

저는 오랜 기도 중에 1999년, 이슬비성경암송학교 유니게과정을 열었습니다. 디모데의 어머니 유니게와 외할머니 로이스처럼 우리의 젊은 어머니들과 할머니들이 가정에서 아들과 손자들을 가르칠 수 있도록 훈련하기 위해서였습니다.

엄마들이 가정에서 자녀에게 유년기부터 말씀을 암송시켜서 청소년이 될 때까지 거의 날마다 반복하여 많은 성경구절을 주기도문 외우는 수준으로 암송시킨다면, 우리의 자녀들은 모두가 성품이 예수님을 닮아 온유하게 될 뿐 아니라 순수한 뇌리에 하나님 중심 사상이 자리하게 되기 때문이지요.

어린 시절부터 하나님 중심의 사고방식을 배우지 못하고 자라난 우리 부모 세대들을 생각해봅니다. 그들은 성인이 되어 하나님의 말씀을 읽고 듣고 암송하고 묵상하면서도 전적으로 말씀을 믿는 것이 얼마나 어려운지 모릅니다.

예인이는 초등학교 2학년으로서 예수사랑교회를 섬기는 송성근 목사님과 오혜경 사모님의 맏딸입니다. 엄마와 함께 암송한 지 10개월 만에 170절을 암송하여 2008년 12월에 303비전꿈나무 모범생이 되었습니다. 하나님 중심의 사고방식을 지닌 예인이의 일기를 보겠습니다.

✈ 가시와 십자가

오늘 나무를 잘못 만져서 조그마한 가시가 손바닥에 박혀서 너무 아팠다. 집에 와서 가시를 빼면서 생각을 했다. '이렇게 조그마한 가시도 너무너무 아픈데 십자가에 못 박히신 예수님께서는 얼마나 아프셨을까?' 그래서 좀 마음이 아팠다. 갈라디아서 2장 20절 말씀이 생각났다.

"내가 그리스도와 함께 십자가에 못 박혔나니 그런즉 이제는 내가 사는 것이 아니요 오직 내 안에 그리스도께서 사시는 것이라 이제 내가 육체 가운데 사는 것은 나를 사랑하사 나를 위하여 자기 자신을 버리신 하나님의 아들을 믿는 믿음 안에서 사는 것이라."

나도 다른 사람을 사랑하고, 다른 사람을 위하여 봉사를 해야겠다.

어느 주일 예배를 마친 후, 여섯 살 손자 인규의 부드러운 손을 잡고 주차장으로 가는 길에 인규가 나를 올려다보며 물었습니다.

"할아버지, 꽃은 왜 펴요?"

"글쎄, 꽃이 왜 필까? 우리 인규는 꽃이 좋지? 꽃이 예쁘지?"

손자는 고개를 끄덕이면서 예쁜 입술로 "네" 합니다.

나는 힘을 주어 어린 손자의 손을 꼭 잡으면서 말했습니다.

"하나님이 인규를 사랑하셔서 인규가 좋아하라고 꽃을 아름답게 피게 하셨나보다. 하나님은 이 세상을 만드시고, 아름다운 꽃도 피게 하시고, 또 우리 인규도 멋지게 지으셨단다(인규는 사나이 티 내느라고 '멋지다' 해야 좋아하지 '예쁘다' 하면 별로랍니다)."

손자는 무슨 생각이 들었는지, 다시 나를 올려다보며 말합니다.

"할아버지, 저요, 어젯밤에 기도하다가 울었어요."

"와, 우리 인규가 하나님께 기도하다가 너무 감사해서 울었는감?"

"쬐끔 울었어요."

가정예배를 드릴 때 제 어미가 기도하다가 감격하여 눈물을 흘리는 것을 보면서 저도 모르게 눈물이 났던 것이 생각나서 할아버지한테 자랑하고 싶었나봅니다. 어린 손자는 마냥 기쁘고 자랑스러운 미소를 지으면서 내 팔을 잡아끌 듯 잔걸음으로 빨리 걸었습니다.

이처럼 우리의 사랑스러운 어린 자녀들에게 '하나님 중심의 사고방식God-centered Mind'을 심어준다는 것이 얼마나 중요한 일인지 모릅니다. 우리의 모든 후세대의 마음이 세상에 물들기 전에 하나님 중심의 생각으로 가득 차게 되기를 원합니다.

4. 인격적으로 접근하라

유니게과정에서는 암송노트와 암송일기를 숙제로 내줍니다. 대개의 경우, 암송한 말씀을 한 번 써오는 '암송노트' 숙제는 열심히 써서 내는 데 비하여 매일 써야 하는 '암송일기' 숙제는 성실히 내는 엄마가 드문 편입니다. 일기가 습관이 되어 있지 않아서 매일 자녀들과의 암송생활을 쓴다는 것이 그리 쉬운 일은 아닌 줄 압니다. 물론 정성을 기울여서 아이들을 관찰하고 날마다 일어났던 일을 소상히 쓰는 엄마도 계셔서 감동을 받기도 하지만요.

원래 일기는 남에게 보여주기 위한 것이 아닙니다. 그러나 유니게과정에서 과제물로 제출된 일기는 어떤 의미에서는 남에게 보여주기 위한 것이기도 하고, 후일에 자녀에게 보여줄 엄마의 사랑의 간증이기도 합니다. 그동안 2천 명이 넘는 엄마들의 암송일기를 읽는 가운데 다양한 삶의 모습도 이해하게 되고, 자녀교육의 어려움과 지혜도 알게 되었습니다. 가족관계, 부부관계, 자녀와의 관계가 원만하게 이루어지고 있는 가정보다 아픔을 안고 사는 가정이 훨씬 많은 것도 알 수 있었습니다.

무엇보다도 어머니들의 자녀에 대한 사랑은 참으로 여러 가지로 나타남을 볼 수 있었습니다. 자아실현을 우선순위로 하는 세상 풍조에 따라 자녀양육을 부담으로 받아들이는 엄마들이 있는가 하면, 하나님의 자녀를 말씀으로 키우고자 헌신을 아끼지 않는 엄마들도 있습니다.

나는 유니게과정 수강생 엄마들이 쓴 암송일기를 밤늦도록 꼼꼼히 읽으면서 빨간 볼펜으로 일일이 자녀들의 이름이 나올 때나 감동적인 대화 장면이 나오면 동그라미를 쳐서 관심을 보여줍니다. 글을 읽으면서 혼자서 감동을 받기도 하고, 미소를 머금기도 하며, 소리 내어 웃기도 합니다. 가슴이 아픈 사연을 읽을 때는 30년 동안의 상담 경력과 묵상 중에 얻은 지혜로 정성껏 도움이 될 글을 여백에 써주기도 하고, 열심히 노력하는 모습에 격려와 칭찬을 아낌없이 해주기도 합니다.

그러다보면, 40~70명의 일주일분 숙제를 체크하는 데만 20시간 이상을 고스란히 보냅니다. 인터넷상에 올라온 글에도 그리하려다보니 좋지 못한 시력으로 이중고 삼중고를 치르기도 합니다. 힘이 들 때도 있지만 이것이 나의 사명이라는 생각에 이르면, 한 엄마, 한 어린이에게 도움을 줄 수 있다는 것이 보람과 기쁨으로 다가옵니다.

엄마들의 암송일기를 통해서 알게 된 또 다른 사실은 이제까지 많은 엄마들이 아이들에게 화를 잘 내왔다는 사실입니다. 교육상 극히 바람직하지 않은 일임에도 말입니다. 남에게는 부드럽고 너그러운 엄마들이 내 자녀에게는 신경질적인 사실에 새삼 놀라게 됩니다. 왜 그럴까요?

철부지 아이들을 키워보지 않고는 이해하기 힘든 무엇이 있겠지요. 하루 종일 아이와 씨름하다보면 천사라도 시종 차분함을 유지할 수가 있으랴 싶기도 합니다. 남달리 천방지축이어서 잠시도 눈을 뗄 수 없도록 문제를 일으키고 돌아다니는 아이의 경우는 더하겠지요.

그러나 이 아이가 나의 소유가 아닌 하나님의 자녀라는 생각을 하면 좀 달라질 수 있지 않을까요? 그리고 비록 아이의 행위가 엄마를 화나게 했을지라도, 그것이 잘못인 줄 모르는 철부지일지라도, 사랑하는 엄마로부터 야단이나 매 맞는 대신 칭찬받고 사랑받기를 좋아하는 아이의 심리를 이해하는 엄마라면, 조금은 달라질 수도 있지 않을까요?

조금씩 나아지는 아이들의 모습이 보일 때마다 칭찬을 아끼지 말고, 으스러지도록 안아주세요. 일반적으로 엄마들이 쉽게 소리치고 때리고 하는데 비하여 자녀가 순종할 때나 착한 일을 할 때엔 칭찬하고 안아주는 일에 인색한 편이거든요. 어른도 칭찬받으면 좋은데 어린이가 엄마로부터 칭찬받으면 얼마나 좋을까요?

엄마는 먼저 아이를 말씀암송태교로 낳지 못한 것과 서너 살이 될 때까지 암송교육도 하지 않고 엄마의 감정대로 성질 피워가며 키운 것을 진심으로 미안하게 생각해야 합니다. 그리고 "나의 사랑하는 아들(딸)들아 미안하다"라고 진심으로 사과를 하시기 바랍니다. 또한 "우리 아들 ○○ 는 하나님의 아들(딸)이란다"라고 이름을 불러서 높여주시고요. 엄마로서 절대로 다음의 세 가지는 자녀들에게 하지 않는 것이 좋습니다.

· 아무리 아이들이 엄마의 속을 상하게 해도 큰소리로 야단치지 말 것.
· 엄마가 얼굴에 노기를 띠면서 아이들에게 손찌검을 하지 말 것.
· 어떤 일이 있어도 아이들 보는 데서 부부끼리 소리내어 다투지 말 것.

"누가 소리 지르고 싶어서 지르며, 말을 잘 듣는데도 때리나요?"라고 하실지 모르지만, 어린아이들은 가정에서 부모님의 삶을 보고 들으며 자라는 것을 기억하시고 아이들과 기분 좋은 상태에서 몇 가지 약속을 하셔요.

1. 너는 하나님의 아들이기 때문에 아빠 엄마 말씀을 잘 들어야 한단다. 앞으로 그 약속을 잘 지키면 엄마가 상(구체적으로 제시)을 주고, 세 번

이상 안 지키면 벌(두 팔 들고 있기 등 벌도 구체적으로) 받기로 약속하자.

2. 날마다 암송가정예배를 드리기로 약속하자(아이들 각자에게 《303비전꿈 나무 성경암송노트》를 사주고 잘 나온 아이 사진을 붙이고 이름을 적어주면 좋아한답니다).

3. 다른 아이들과 싸우거나 때리지 않기로 약속하자(약속대로 상과 벌을 분명하게 하되 감정을 싣지 말고 실천하셔야 합니다).

아이들의 문제를 깊이 생각해보면 진짜 문제는 부모에게 있는 경우가 많습니다. 아이들은 부모의 거울이기 때문입니다. 부모는 하나님께서 양육을 위임하신 하나님의 자녀들을 말씀대로 키우고, 삶으로 가르치고, 간절한 기도와 사랑으로 돌봐야 함을 기억하세요.

6장

황홀한 꿈
303비전

우리는 오늘에 눈이 어두워 내일 일은 생각조차 하기 싫어합니다. '황무지를 개간하여 비료를 주어 옥토를 만든 후에 씨를 뿌려서 언제 열매를 얻으랴?' 하며 엄두를 내지 못합니다. 많은 사람들이 하루살이처럼 쫓기며 바쁘게 사는 것을 볼 때 얼마나 마음이 아픈지요.

세상도 교회도 오늘의 평안에 취해서 내일의 꿈을 잃은 듯 합니다. 더러 꿈을 말하는 사람들도 기껏 10년에 그칩니다. 30년, 50년, 100년을 바라보는 지도자가 보이지 아니합니다. 발등의 불끄기에 바빠서 내일을 바라보지 못하며 사는 것 같습니다. 젊은이들의 눈동자에 반짝이던 빛이 흐려지고 있습니다. 이 일을 어찌할까요?

저는 기독교 케이블방송에 나오는 여러 목사님들의 설교방송을 자주

시청하는 편입니다. 어려운 경제상황을 믿음으로 이기게 하기 위해 대부분의 설교가 위로와 격려에 집중되어 있으며, 어른을 공경하고, 가난한 이웃을 도우며, 힘써 기도하고, 전도하고 선교하며, 서로 사랑하라는 말씀 일색입니다. 물론 목회자가 성도들을 위로하고 격려하는 것은 꼭 필요합니다. 또한 어른 공경과 불우이웃 구제와 기도와 전도와 선교와 사랑을 강조하는 것도 잘못이 아닙니다. 그런 것들은 마땅히 강조되어야 합니다.

다만, 성도들의 말씀의 생활화를 위한 구체적이며 실천적인 메시지와 후세대들의 신앙교육을 위한 메시지를 듣기가 너무나 어렵다는 사실이 얼마나 안타까운지 모르겠습니다.

교육은 백년지대계百年之大計입니다. 10년, 20년의 노력만으로 쉽게 이룰 수 없습니다. 기독교문화를 세워나가기 위하여서는 100년 계획을 세워야 합니다. 우리의 꿈 '303비전'은 한 세대를 30년으로 잡아서 3대에 이르는 100년 계획입니다.

크리스천들이 말씀암송태교로 자녀를 낳아 어려서부터 말씀을 암송하고, 말씀암송가정예배를 드리며 교회에서 암송 우선 교육으로 길러서 암송이 체질화되면, 말씀의 생활화가 보편화되어 가정과 교회를 넘어 학교와 직장과 사회가 온통 예수님 닮은 그리스도의 사람들로 가득한 기독교문화민족이 되는 것입니다.

나아가 303비전으로 양육된 선교사가 세계에 나가서 그 나라의 어린이들을 303비전으로 키우면, 30년 후에는 그 선교대상국에서 303비전

선교사가 배출될 것입니다. 이렇게 하는 사이에 세상은 그리스도의 말씀으로 새로 지음받은 지상낙원을 이루게 될 것입니다.

303비전메이커

303비전을 세대별로 구분하면 다음과 같습니다.

1. 303비전 개척세대

개척세대는 현재 믿는 어른들을 말합니다. 이들은 303비전 지도자후보세대들을 일깨울 지도자이기도 합니다. 중고등학생과 청년 대학생들을 가르쳐 그들로 하여금 303비전을 위한 창조적 소수의 정예부대로 삼아야 합니다. 303비전 장학생들은 목회 현장에 나가서 303비전을 교회교육의 우선순위로 하는 교회를 개척하기를 원합니다.

우리 개척세대가 가정과 교회에서 어린이들에게 부지런히 말씀암송을 체계적으로 잘 훈련시켜놓으면, 20년 내지 30년 후에는 그들이 자기가 보고 배운 대로 계승하여 그들의 자녀를 양육할 것입니다.

일단 500절 이상의 말씀을 암송한 교역자와 개척세대는 303비전 지도자가 될 수 있습니다. 하나님을 사랑하고 말씀을 사랑하는 지도자 한 사람으로 인하여 303비전 승법확산이 이루어질 줄 믿습니다.

2. 303비전 제1세대

2000년부터 2030년까지 태어나 개척세대의 영향을 많이 받고 자란 아이들을 일컬어 '303비전 제1세대'라 부릅니다. 2009년 현재 유치원 어린이 및 초등학교 1,2,3학년생들은 303비전 제1세대에 속합니다. 초등학교 4,5,6학년과 중고생은 제1세대에 속할 수도 있으나, 그들 중 말씀을 500절 이상 암송하는 학생은 303비전 지도자 후보생이 될 수 있습니다.

303비전 제1세대들에게 자아의 정체성을 심어주는 마스터키는 말씀암송과 말씀암송가정예배라고 믿습니다.

이를테면, "악은 모든 모양이라도 버리라"(살전 5:22)라는 말씀을 암송하고 묵상하는 가운데 스스로 잘못된 길을 자제하는 힘을 갖게 됩니다. "청년이 무엇으로 그의 행실을 깨끗하게 하리이까 주의 말씀만 지킬 따름이니이다 내가 전심으로 주를 찾았사오니 주의 계명에서 떠나지 말게 하소서 내가 주께 범죄하지 아니하려 하여 주의 말씀을 내 마음에 두었나이다"(시 119:9-11)라는 말씀으로 자제력을 기르게 되기도 합니다.

실제로 오인숙 선생님(현 인천영화초등학교 교장)이 담임했던 우촌초등학교 3학년생은 일기에 "오늘 학교에서 집으로 오는 길에 오락실 앞을 지났다. 친구는 들어가자고 했으나 나는 선생님한테 배운 하나님의 말씀 '복 있는 사람은 악인들의 꾀를 따르지 아니하며 죄인들의 길에 서지 아니하며 오만한 자들의 자리에 앉지 아니하고'(시 1:1)라는 말씀이 떠올라서 집으로 그냥 왔다. 승리했다. 할렐루야!"라고 썼답니다.

김동호 목사님의 책에 보면, 어느 날 목사님의 중학생 아들이 담배 한 개비를 입에 물고 당당히 만면에 미소를 머금고 아버지, 어머니, 형이 있는 방으로 들어왔답니다. 부모님이 어이가 없어 놀란 눈으로 바라보고 있는데, 둘째는 빙그레 웃으며 넉살 좋게 "엄마, 어때요, 멋있지요?"하면서 보여주는데 그것은 담배 모양의 껌이었습니다. 그때 고교생 형이 동생에게 "'악은 모든 모양이라도 버리라'(살전 5:22)라고 했잖니"하더랍니다. 이처럼 말씀을 평소에 암송한 아이들은 그 생각이 언제나 말씀에 기초하고 있습니다.

한번은 TV에서 갑자기 내린 폭우로 지리산 계곡에 급물살이 흘러내리고 있는 가운데, 계곡 저편에 갇힌 등산객들을 구제하는 장면을 보았습니다. 구조대원들이 나서서 양편 큰 소나무에 밧줄을 매어 놓고 그 줄을 붙들고 계곡물 위로 아슬아슬하게 건너오는 것을 보면서, '이 세대의 악의 물결이 저 계곡물처럼 무섭게 흘러내리고 있는데 우리의 자녀들에게 말씀의 밧줄이 없다면 제아무리 헤엄에 자신이 있다 한들 그 물결에 휩싸여 떠나가지 않을 자가 있을까?' 하는 생각이 들었고, 지금도 그 장면이 생생히 떠오릅니다.

그러나 하나님을 믿는 우리가 하나님의 말씀으로 303비전 제1세대를 힘써 가르치면 어떠한 악한 세상에서라도 그들은 능히 이겨나갈 수 있으리라 믿습니다. 그러려면 부모와 교회 지도자들의 모범을 통해서 어려서부터 하나님의 말씀을 내 안에 모시고 사는 훈련과 말씀대로 살려고 노력하는 훈련이 습관화되어 말씀의 생활화와 생활의 말씀화가 몸에 배게 하는 길밖에 없다고 확신합니다.

303비전 제1세대는 우리가 눈 깜짝할 사이에 자라서 이 나라의 중추적 역할을 감당하게 됩니다. 또한 그들이 가정을 이루어 자녀를 낳아 기르게 됩니다. 엄마 배 속부터 혹은 유아기나 유초등부 때부터 가정과 교회에서 말씀암송에 익숙해진 303비전 제1세대가 자신들의 자녀교육을 어떻게 시킬 것은 불문가지不問可知의 사실입니다.

3. 303비전 제2세대

2031년-2060년 사이 출생아들로서 303비전 1세대의 자녀들입니다. 303비전 제2세대는 1세대보다 바람직하게 자랄 수 있을 것입니다. 다만, 점점 더 어지러워져가는 시대적 훼방이 그들로 하여금 한가로이 말씀암송에 열중할 수 있는 여유를 주지 않을 것이며, 불경건한 환경의 유혹은 지금의 우리로서는 짐작하기 어려울 지경까지 이를 것입니다.

맑은 물을 더럽히기는 쉽습니다. 그러나 더러워진 물을 맑게 하려면 갑절의 노력이 필요합니다. 사람으로는 힘들지라도 하나님으로서는 다 하실 수 있는 일이라 믿습니다(마 19:26).

4. 303비전 제3세대

2061년-2100년 사이 출생아들로서 303비전 2세대의 자녀들입니다. 이 땅에서 303비전 운동의 물결이 활발하게 이어진다면, 적어도 몇 천 가정, 몇 만 가정에서 303비전 제3세대가 자란다면, 주께서 참으로 크고 비밀한 일을 보여주실 것입니다.

그때가 되면 우리나라는 복음 강국이 될 것입니다. 말씀의 생활화가 보편화되어 이른바 신사의 나라, 문화 수준이 높고 사랑이 풍성하고, 산

업 경제가 활발해질 것입니다. 사탄의 궤계가 있을 것이나 하나님의 보
호로 형통케 될 것입니다.

예수님의 참제자 303비전꿈나무

303비전 지도자후보세대를 포함하여 제1세대를 위하여 마련된 것이
'303비전꿈나무 모범생-으뜸모범생-장학생 제도'입니다. 303비전성
경암송학교에서는 2007년 5월에 제1차 303비전꿈나무 모범생 92명과
으뜸모범생 14명 총 106명의 어린이들을 뽑았습니다. 국내외의 어린이
와 중학생들 중에 소정의 말씀을 암송하는 꿈나무를 선발하여《국민일
보》전면광고란에 아이들의 천연색 사진과 나이 및 교회, 담임목사, 부
모명을 병기하였지요. 7살부터 중학교 3학년까지 기본 암송절수를 제시
하여 그 말씀을 암송한 아이들에게 인증서를 주었습니다.

이를테면 만 7살까지의 어린이가 유니게과정 커리큘럼에 의한 성경
말씀을 순서대로 47절을 암송하면 '모범생', 그 갑절 이상을 암송하면
'으뜸모범생' 자격을 줍니다. 으뜸모범생이 된 이후 1년을 지속적으로
모범생 수칙을 지키면 '장학생'으로 선발하여 소정의 장학금을 지불하
면서 꿈나무들로 하여금 말씀암송과 말씀암송가정예배가 체질화되도록
도와주고 있습니다.

같은 해 12월 27일에는 모범생 69명, 으뜸모범생 32명, 총 101명의
303비전꿈나무 제2차 선발식이 있었습니다. 그리고 2008년 5월에는 3차
모범생 23명, 으뜸모범생 33명, 장학생 9명, 12월에는 4차 모범생 40명,

으뜸 모범생 43명, 장학생 20명 선발이 있었으며, 2009년 5월에는 5차 모범생 60명, 으뜸모범생 35명, 장학생 27명을 선발했습니다.

이와 같이 해마다 두 차례의 선발식을 가질 예정이며, 303비전꿈나무 엄마들에게는 제가 쓴 〈사랑의편지〉를 매주 온라인과 오프라인으로 보내고 있습니다. 사랑의편지에는 말씀암송교육과 암송가정예배를 모범적으로 하고 있는 엄마들의 살아 있는 간증을 실어서 실질적인 도움을 드리고 있습니다. 암송학교가 끝난 후에도 가정과 교회에서 지속적으로 자녀들에게 말씀을 암송케 하고 성경암송가정예배를 날마다 드리도록 도와주려는 것입니다.

제5기 303비전꿈나무 모범생 감사예배 때 303비전꿈나무 제1기 장학생 강진석 군의 간증문이 인상적이어서 여기에 함께 나누고자 합니다.

✦ 303비전꿈나무 장학생 강진석 군의 간증문

303비전꿈나무 장학생 1기 강진석입니다. 저는 6살 때부터 암송을 시작하여 13살인 지금까지 512구절을 암송했어요. 예전에는 분명히 암송을 하기 싫어했던 때가 있었고, 그만두고 싶었던 때가 있었어요. 그런데 이상하게도 지금은 그 이유들이 생각이 나지 않네요.

지금은 암송을 하는 것이 참 좋은데, 암송을 하면 우선 저는 마음이 편해지거든요. 절수가 쌓이니 기분도 좋고, 하나님 말씀을 알게 되어 기쁘기도 해요. 오랫동안 외우고 또 많이 외워와서 이제는 외우는 건 두렵지 않아요. 저는 암송을 왜 해야 하나 하는 고민은 해본 적이 없는데, 하나님께서 제 마음을 지켜주신 것이라고 생각해요. 암송은 하나님의 말씀을 외우는 것이기에 하나님께서 기뻐하시는 것 같아요. 저는 하나님을 기쁘시게 해드리는 것이 참 기쁩니다.

저는 앞으로도 계속 암송을 하여 저의 아버지보다 더 많이 암송을 할 것입니다. 그래서 세상 사람들을 깜짝 놀라게 해줄 것입니다. 하나님께서 저를 매일매일 사랑하시고 감싸주셔서 그 사랑을 보답할 수 없습니다. 하나님, 감사합니다. 암송 더욱 열심히 해서 온 세상에 복음 전하는 사람이 되겠습니다.

우리는 이 모든 일을 결코 서두르지 않으면서 꾸준히 확신 가운데 이루어가야 합니다. 개척자의 길은 외롭고 비본질적인 방해가 있을지라도 기도와 성실로 승리할 것입니다.

눈물을 흘리며 씨를 뿌리는 자는 기쁨으로 거두리로다
울며 씨를 뿌리러 나가는 자는
반드시 기쁨으로 그 곡식 단을 가지고 돌아오리로다 시 126:5,6

씨를 뿌린다는 것은 그 씨가 땅 속에서 싹이 터서 지면을 뚫고 나와 꽃을 피우고 열매를 맺어 영글게 되면 이를 거두리라는 희망을 심는 것입니다. 303비전은 분초를 다투는 디지털 시대에 걸맞지 아니한 바보스럽고 미련한 꿈이기도 합니다. 그러나 303비전이야말로 하나님께서 기뻐하시는 꿈이며, 우리의 유일한 살길이라 확신합니다.

그동안 303비전장학회 신학생들에게 여러 가지로 설명하고 대화도 나누어왔습니다. 그럼에도 불구하고 그들 중 대부분은 이 비전에 공감하지 못하는 것이 피부로 느껴졌습니다. 이후로 '어떻게 하면 우리 모두가 303비전을 쉽게 공감할 수 있을까?' 하는 것이 나에게 주어진 큰 과제요, 기도제목이었습니다. 그러던 중 최근에 와서 크게 깨달은 바, 곧 주께서 지혜를 주신 바가 있습니다.

3세대 90년까지 갈 것 없이, 앞으로 1세대 30년만 부지런히 뛰면, 303비전의 첫 수확기를 맞게 되리라는 것입니다. 곧 30년 안에 이 나라를 세계의 영적 지도국으로 삼아주시겠다는 미쁘신 하나님의 약속을 감지한 것입니다. 중고생은 말할 것도 없고, 초등학생까지도 지금부터 열심히 가르치면 303비전 지도자로 키울 수 있습니다.

이제 303비전은 100년 앞을 향한 꿈이 아니라, 30년 앞을 향한 꿈으로 단축되었습니다. 물론 30년, 60년, 100년으로 지속될 것은 변함없는 사실입니다. 그러나 일단 개척세대의 전적 책임 한계는 303비전 지도자 후보세대와 303비전 1세대에 국한할 수 있습니다. 그러므로 앞으로 30년만 우리 개척세대가 일사각오로 노력하면, 우리가 가르쳐 길러낸 303비전 1세대가 그들의 자녀, 곧 303비전 2세대를 책임질 것입니다. 우리의 303비전 1세대 곧 바람직한 하나님의 사람들이 세계 각국에 선교사로 파송되면 그 나라와 민족은 다시 303비전으로 그들의 자녀들을 키워서 30년, 60년, 100년 안에 그 나라는 놀라운 변화를 일으키게 될 것입니다.

✤ 3O3비전꿈나무 모범생 선발 기준

연령	선발 기준(해당 암송 구절)	총 구절
유치부로부터 초1(만7세)까지	고전 13:1-13°, 신 6:4-9, 롬 3:23,24, 갈 2:20, 마 7:7-14, 시 23:1-6°, 시 1:1-6°, 시 100:1-5° → 총 47절을 암송한 어린이	47절
초2(만 8세)	마 5:1-16, 살전 2:13 → 총 64절을 암송한 어린이	64절
초3(만 9세)	요 1:1-18, 고후 5:17 → 총 83절을 암송한 어린이	83절
초4(만 10세)	요 15:1-17 → 총 100절을 암송한 어린이	100절
초5(만 11세)	창 1:1, 출 20:1-10 → 총 111절을 암송한 어린이	111절
초6(만 12세)	출 20:11-21 → 총 122절을 암송한 어린이	122절
중1(만 13세)	신 28:1-6, 수 1:8,9, 수 6:1-3, 시 8:1-9° 창 12:1-4, 시 150:1-6° → 총 152절을 암송한 어린이	152절
중2(만 14세)	사 1:18-20, 사 14:24-27, 잠 16:1-9, 시 107:9, 잠 8:17, 합 3:17-19 → 총 173절을 암송한 어린이	173절
중3(만 15세)	마 7:1-6, 사 40:27-31, 렘 33:1-3, 마 11:28-30, 사 41:10, 행 1:1-8, 마 6:33 → 총 200절을 암송한 어린이	200절

✤ 303비전꿈나무 모범생 **서약서**

매일

1. 말씀암송가정예배의 생활화

2. 성경 1장 이상 읽기

3. 30분 이상 말씀암송

4. 아침에 일어나면 기도로 하루를 시작

매월

5. 신앙 양서 1권 이상 읽고 독후감 쓰기

6. 주 안에서 항상 기뻐하고 범사에 감사한다.

7. 주 안에서 즐겨 바보되고, 기뻐 손해본다.

부모님들께

8. 즉각순종하고 잘못했을 때는 즉시 용서를 빈다.

9. 주 안에서 기쁘시게 하도록 힘쓴다.

10. 형제자매-사랑하고 섬기는 사람이 된다.

✤ 303비전꿈나무 부모님 **서약서**

매일

1. 말씀암송가정예배의 생활화

2. 성경 1장 이상 읽기

3. 30분 이상 말씀암송

4. 아침에 일어나면 기도로 하루를 시작

매월

5. 신앙 양서 1권 이상 읽고 독후감 쓰기

6. 주 안에서 항상 기뻐하고 범사에 감사한다.

7. 주 안에서 즐겨 바보되고, 기뻐 손해본다.

자녀들에게

8. 편애로 자녀에게 마음의 상처를 주지 않는다.

9. 범사에 부모의 품위를 지킨다.

10. 주의 교양과 훈계로 양육하되 즉각순종을 익힌다.

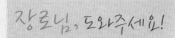

장로님, 도와주세요!

Question 암송을 하려고 하면 아이가 자꾸 피합니다.

저는 진지하게 하려고 하는데 아이는 자리를 슬슬 피하거나 장난치고, 심할 때는 짜증을 냅니다. 내 힘으로는 불가능하다 싶어 기도를 시작했습니다. 그런데 기도하려고 앉아 있으면 한숨만 나오고 어떻게 기도해야 할지조차 모르겠습니다. 어떻게 하면 좋을까요?

Answer 기도로 키운 자녀는 결코 잘못되지 않습니다.

자녀와 함께 암송을 시작하려고 하는 모습이 아름답습니다. 또한 자신의 힘이 아닌 하나님의 능력을 받기 위해 기도의 자리로 나아가는 모습도 참으로 잘하신 결단입니다. "기도로 키운 자녀는 결코 잘못 되지 않습니다." 이는 암브로시우스가 어거스틴의 어머니 모니카에게 한 말입니다. 모니카는 아들을 위해 끊임없이 기도했고, 그녀의 오랜 기도는 응답받아 어거스틴은 위대한 하나님의 사람이 되었습니다. 어떻게 기도해야 할지 모르는 어머니께 아비가일 반 뷰렌의 기도와 그녀의 기도를 우리의 형편에 적용해본 저의 글이 도움이 되기를 원하는 마음으로 소개합니다.

"오, 주여! 나로 하여금 보다 나은 부모가 되게 하소서. 자녀의 눈높이 에서 자녀가 하는 말을 끈기 있게 들어주며, 자녀의 고민거리를 따뜻한 마음으로 이해할 줄 아는 부모가 되게 하소서."

자녀의 눈높이에서 대화한다는 것이 결코 쉬운 일은 아닙니다. 그러나 부모가 자녀의 눈높이 곧 유치원생일 때, 초등학교 저학년일 때, 사춘기에 들어섰을 때의 심리를 잘 이해하려면 많은 책을 읽고 자녀교육과 발달심리 등을 공부해야 할 것입니다. 자녀를 이해하기 위하여 공부하는 부모님을 그 자녀는 존경할 것이며, 그런 부모님에게 자기의 속마음을 숨김없이 털어놓을 겁니다.

"지나친 간섭을 삼가게 하시고, 자녀와의 말다툼을 피하며, 모순된 행동으로 자녀를 실망시키지 않게 하소서."

흔히 엄마들이 말하기를 자녀 둘만 키우면 용사가 된다고 합니다. 이는 자녀양육을 전쟁터로 생각하는 데에서 나온 말일 것입니다. 그러나 이는 잘못된 자녀교육이지요. 특히 자녀와 함께 암송을 하는 가정에서는 암송한 말씀으로 자신과 자녀의 옳고 그름을 판단할 수 있습니다. 말다툼 대신 자녀와 손을 맞잡고 무릎을 꿇고 하나님께 간절히 기도하는 것이 자녀의 잘못된 행동이 바뀌는 데 훨씬 효과적일 것입니다.

"부모에게 예의 바른 자녀가 되기를 바라는 것같이 우리도 자녀에게 친절하며 정중하게 하소서. 비록 부모라 할지라도 자녀에게 잘못했음을 깨닫게 될 때에는 용기 있게 자신의 잘못에 대한 용서를 구하는 부모가 되게 하소서."

어려서부터 자녀를 인격적으로 대해주는 것이 중요합니다. 또한 부모라 할지라도 화를 버럭 냈다든지, 신경질을 피웠다든지, 큰 소리로 야단쳤다든지 했을 때에는 반드시 정중한 자세로 자녀에게 사과를 하고 용서를 구해야 합니다. 그리하면, 도리어 자녀는 자신이 잘못해서 엄마를 화나게 해서 죄송하다고 할 것입니다. 부모와 함께 지속적으로 암송을 하는 자녀라면, 말씀을 암송하는 가운데 마땅히 행할 길을 깨닫게 되므로 이런 일을 예방할 수 있습니다.

"부질없는 일로 자녀의 마음에 상처를 입히지 않게 하소서. 자녀의 실수를 비웃거나 또는 벌을 줌으로써 자녀로 하여금 수치감과 모욕감을 느끼지 않게 하소서."

자녀를 사랑한다고 하면서 아이의 자존심을 상하게 하는 일이 있어서는 안 되겠습니다. 언제나 격려하고 장점을 높이 평가해주고, 잘한 일이 있을 때에는 칭찬을 아끼지 아니하는 사려 깊은 부모가 되시기 바랍니다.

"우리의 자녀가 거짓말을 아니하고 남의 물건을 탐내지 않는 깨끗한 사람이 될 수 있도록 도와주는 부모가 되게 하소서. 시간마다 나를 인도하시어 나의 말과 행동으로 본을 보임으로써 정직하게 사는 것이 행복의 비결임을 분명히 보여주게 하소서."

사람은 누구나 죄성을 타고 났기에 거짓말을 할 수도 있고, 남의 물건을 탐내서 몰래 가질 수도 있습니다. 그러나 어려서부터 잠언과 십계명을 반복하여 암송하게 되면 죄의 욕구 앞에서 스스로 자제할 수 있는 능력을 갖추게 됩니다. 무엇보다도 부모의 삶으로 정직하게 사는 것이 행복의 비결임을 자녀에게 보여주는 생활교육이 중요합니다.

"오, 주여! 간절히 비옵니다. 초라한 나의 모습을 감추어주시고 나의 혀를 지킬 수 있도록 도와주소서. 자녀들의 사소한 잘못을 보았을 때에 이를 너그럽게 봐줄 수 있는 아량을 베풀 수 있게 하소서."

어머니들이 소홀히 하기 쉬운 부분이 바로 자녀를 향한 잔소리가 아닐까요? 천방지축 날뛰는 자녀를 키우노라면 엄마가 잔소리를 할 수밖에 없는 경우가 많겠지요. 그러나 두세 살 때부터 말씀암송과 자녀 중심 가정예배를 통하여 해서는 안 될 일은 엄격하게 구분하여 하나님의 명령을 지키도록 훈련시켜 놓으면, 놀랍도록 평생 주님 안에서 엄마의 명령을 잘 지키게 마련입니다. 미운 7살이라 하듯이 자기주장을 내세우기 시작하는 때가 이르기 전에 하나님의 말씀을 암송시키고 특히 잠언을 날마다 한 장씩 읽는 습관이 몸에 배게 되면, 잔소리를 할 이유가 없어집니다. 신바람 나는 말씀암송과 말씀암송가정예배의 체질화를 통한 말씀의 생활화는 303비전의 중요한 목표이기도 합니다.

특히 말씀암송과 가정예배를 통하여 엄마와 스스럼없는 대화의 습관이 몸에 배어 있는 사춘기의 자녀들은 얼마나 자유하고 평안한 시간을 누리게 되는지 모릅니다.

"자녀가 스스로 생각하고 스스로 판단하고 스스로 실행할 수 있도록 충분한 기회를 허락하는 부모가 되게 하소서. 부모로서의 권위를 세우기 위하여 자녀를 책망하지 않게 하소서."

그야말로 어려서부터 말씀암송훈련이 체질화되고, 날마다 드리는 가정예배를 자녀가 직접 인도하도록 훈련된 가정은 이 문제를 온전히 해결하게 됩니다.

"자녀가 바라는 것이 옳은 것이라면 모두 허락하면서도 만약 해가 되는 것이라면 끝까지 거절할 수 있는 용기를 주소서."

이 문제 역시 말씀암송과 가정예배로 훈련된 부모와 자녀에게는 너무나 쉽게 풀리는 부분입니다.

"어느 한편으로 치우치지 않고 항상 공정하며, 생각이 깊으며, 사랑이 넘치는 부모가 되게 하시어 자녀로부터 진심으로 존경받는 부모가 되게 하소서."

주님 안에서 자녀와 제자로부터 존경받는 부모님과 선생님보다 더 행복한 사람이 있을까요?

"자녀로부터 사랑받고, 자녀가 진정으로 닮기 원하는 부모다운 부모가 될 수 있도록 늘 깨우쳐주소서. 오, 주여! 바라옵나니 안정과 균형을 잃지 않고 스스로를 다스릴 수 있는 부모가 되게 하소서."

유니게과정 암송교육을 통하여 얻은 결론은 이 모든 엄마의 기도제목이 자녀의 조기 말씀암송훈련과 날마다 드리는 자녀 중심의 말씀암송가정예배를 통해서 응답된다는 것입니다.

눈물을 흘리며 씨를 뿌리는 자는 기쁨으로 거두리로다

울며 씨를 뿌리러 나가는 자는 반드시

기쁨으로 그 곡식 단을 가지고 돌아오리로다

시편 126편 5,6절

Those who sow in tears will reap with songs of joy.

He who goes out weeping, carrying seed to sow,

will return with songs of joy, carrying sheaves with him.

Psalms 126:5,6

Part 3

가정에서의 교육

말씀암송태교로 시작하라

말씀암송가정예배를 드리라

암송가정예배의 능력

7장

말씀암송태교로
시작하라

놀라운 태교의 신비

중국 고대문헌인 《대대예기大戴禮記》,《가의신서賈誼新書》,《열녀전列女傳》,《안씨가훈顏氏家訓》 등에는 태교를 중시한 내용이 많다고 합니다. 현재까지 알려진 기록에 의하면, 태교에 관심을 제일 먼저 쏟은 사람은 중국 역사상 가장 어질고 지혜로운 왕으로 알려진 주나라 문왕文王의 어머니 태임太任이라고 합니다.

태임의 성품은 곧고 성실하여 오직 덕德으로 행동하였으며, 임신 중에 눈으로는 음란한 것을 보지 않았고, 귀로는 음란한 음악을 듣지 않았으며, 입으로는 오만한 말을 하지 않았다고 합니다. 이렇게 태교하여 문왕을 낳았는데, 그는 어려서부터 매우 총명하여 하나를 가르치면 백을 알았다고 합니다. 그래서 사람들은 문왕의 위대함은 오직 그 어머니의 지혜로운 태교로 말미암았다고 믿었습니다.

　한편 우리나라 사주당 이씨師朱堂 李氏의 구술로 그 아들 류희柳禧에 의해 쓰어진《태교신기胎敎新記》는 세계 최초의 태교백과라고 불립니다. 그만큼 우리의 선조들은 태교에 관심을 많이 기울였음을 알 수 있습니다. 한편, 포은 정몽주의 어머니 이씨의《태중훈녀胎中訓女》가 지금까지 우리나라에서 발견된 태교에 대한 최초의 기록으로 알려져 있습니다.

　그녀는 "선철先哲의 행적을 더듬고, 그에 관한 책을 읽으며, 나도 그와 같은 아이를 낳았으면 좋겠다는 마음으로 보통 인간이 실천하기는 힘들지만 태아를 위하여 좋다고 하는 행동을 해야 한다"라고 태교를 강조합니다.

　그밖에 회재 이언적李彦迪, 퇴계 이황, 율곡 이이, 우암 송시열 등 대학자들 역시 태교의 중요성을 강조했습니다. 이들은 모두 성리학의 관점에서 태교를 이해하고 설명하는데 비해, 구암 허준은《동의보감》에서 한의학의 관점에서 임신부가 금해야 할 음식이나 약물 또는 태아의 태중 성장 발육 과정 등을 자세히 설명하고 있습니다.

　한편, 토마스 버니Thomas Verny 박사의《태아는 알고 있다》와 박문일 박사의《태교는 과학이다》는 모두 태교를 정신의학적 관점과 산부인과 의사의 관점에서 연구 관찰히고 있습니다.

　그밖에도 수많은 태교에 관한 책들이 나오고 있어서 태교에 관한 지식은 넓힐 수 있지만, 안타깝게도 이들의 공통점은 의학, 심리학의 인문과학적인 연구 관찰이라는 것입니다. 만물의 영장인 사람을 이해하는

데 영적인 접근이 빠져 있습니다. 따라서 성경적이면서 과학적인 연구가 반드시 시도되어야 한다고 생각합니다.

가장 성경적인 태교

요한복음을 읽노라면 빛에 관한 말씀이 많이 발견됩니다.

그 안에 생명이 있었으니 이 생명은 사람들의 빛이라
빛이 어둠에 비치되 어둠이 깨닫지 못하더라 요 1:4,5

참빛 곧 세상에 와서 각 사람에게 비추는 빛이 있었나니 요 1:9

여기서는 예수님이 빛으로 이 세상에 오신 것을 밝히고 있습니다.

그 정죄는 이것이니 곧 빛이 세상에 왔으되
사람들이 자기 행위가 악하므로
빛보다 어둠을 더 사랑한 것이니라
악을 행하는 자마다 빛을 미워하여 빛으로 오지 아니하나니
이는 그 행위가 드러날까 함이요
진리를 따르는 자는 빛으로 오나니
이는 그 행위가 하나님 안에서 행한 것임을
나타내려 함이라 하시니라 요 3:19-21

여기서는 사람들이 자기 행위가 악하므로 악한 것이 드러날 것을 두려워하여 빛 대신 어두움을 선호한다는 것과 그중에서도 진리를 좇는 자는 빛으로 나아온다는 것을 말씀하고 있습니다.

예수께서 이르시되 아직 잠시 동안 빛이 너희 중에 있으니
빛이 있을 동안에 다녀 어둠에 붙잡히지 않게 하라
어둠에 다니는 자는 그 가는 곳을 알지 못하느니라
너희에게 아직 빛이 있을 동안에 빛을 믿으라
그리하면 빛의 아들이 되리라 요 12:35,36

여기서는 성도들로 하여금 제한된 시간에 빛을 믿어 빛의 자녀의 영광을 얻으라는 권면의 말씀과 함께 빛이 있을 동안에 빛을 믿으면 빛의 아들이 되리라는 약속을 하셨습니다. 나는 '제한되고 허락된 시간' 안에서 빛을 믿으면 빛의 자녀가 되리라 하신 예수님의 약속을 묵상하는 중에 열 달 동안의 태교가 떠올랐습니다.

이 열 달 동안 하나님께서는 쉬지도 않으시고 잠들지도 않으시면서 엄마의 배 속에 있는 아기의 모든 신체 조직을 한 치의 오차도 없이 창조하심과 더불어, 느끼고 생각하고 기억하는 오감의 대뇌작용을 시작케 하십니다. 이 기간에는 엄마의 몸과 생각과 삶 자체가 태아의 빛이요 생명샘이 됩니다. 열 달이라는 제한되고 특별히 허락된 임신 기간에 엄마가 보고, 느끼고, 생각하고, 행하는 모든 것이 태아에게 큰 영향을 준다

는 생각을 할 때, 말씀암송태교야말로 참으로 귀중한 것임을 재인식하게 됩니다.

빛이 있을 동안에 빛을 믿으면 빛의 자녀가 되리라는 약속의 말씀을 이렇게 적용해봅니다. 임신부가 사모하는 마음으로 하나님의 말씀을 즐겨 암송, 묵상할 때 하나님께서는 태아에게 빛을 비추사 아이의 정서를 지극히 평안하게 하시고 그 영혼을 티 없이 맑게 하시며, 평생 지워지지 않는 잠재의식 속에 하나님의 말씀을 즐겨 받아들이는 '빛의 자녀'로 창조해주시리라는 것입니다.

진정 복 있는 사람

나에게는 말씀암송태교를 통한 슬기롭고, 경건하며, 능력 있는 신인류 창조의 꿈이 있습니다. 창조는 오직 하나님의 권능에 속해 있기에 나의 꿈은 하나님의 말씀을 임신부가 주야로 묵상함으로써 태아의 신체구조가 생성되는 과정부터 말씀의 영향을 입게 하자는 것입니다. 믿음으로 받아들이면, 그대로 이루어질 줄 믿습니다(마 21:22 ; 신 28:1-6 참조).

나의 꿈은 아직까지는 어느 과학자의 증거를 얻은 것은 아닙니다. 아직까지라 함은 때가 이르면 하나님께서 과학자들로 하여금 증거할 수밖에 없도록 확실한 증거를 세상에 보여주시리라는 뜻이기도 합니다.

그렇다고 아무런 과학적 지식을 토대로 하지 않은 것은 아닙니다. 성경적 원리를 좇아 상식선의 과학을 기초로 한 꿈이라 할까요. 태아의 마음속에 입력되는 슬픔과 기쁨, 놀람과 평안은 우리의 눈으로는 볼 수 없으나 태아의 마음속에는 분명히 그 감정들이 입력 저장될 것입니다(시 139:13 참조).

태아의 대뇌피질 세포는 임신 24주(6개월) 후부터 왕성히 형성되어 38주(9개월 반)가 되어 세상에 태어나게 될 때에는 100억 개의 세포가 생성된다고 합니다. 이 신세포에 최초로 입력되는 정보가 하나님의 말씀이 된다는 것을 상상해보십시오. 물론 의식이 분명한 것은 아니겠지만, 지각세포에 하나님의 말씀이 어떤 정보보다 먼저 입력된다면 마치 하얀 백지에 처음 칠한 색처럼 선명히 잠재의식 속에 저장되지 않을까요?

엄마가 말씀암송을 하면서 성령이 충만해지면 자연스럽게 태반을 통하여 엄마의 사랑소愛情素 내분비물이 태아에게 공급되고, 동시에 태아로부터 태반을 통하여 엄마에게 사랑의 마음이 전달된다는 상호반응효과를 생각하면, 말씀암송태교의 필요성이 더욱 절감됩니다.

권위 있는 보스톤 의학회지에 다이놀핀Dynorphine에 관한 기사가 실렸다는 것을 들은 적이 있습니다. 성령에 감동한 사람의 몸속에서 분비되는 이 다이놀핀은 엔돌핀의 1,000배의 위력을 가진 내분비액이라고 합니다. 나는 암송태교로 태어난 자녀는 다이놀핀의 효과와 성령의 역사로 빛의 자녀 곧 신인류新人類가 된다고 믿습니다.

이렇게 태어난 아기를 어려서부터 말씀암송이 체질화하도록 가르치기를 3세대만 지속하면 온전한 크리스천으로 양육될 것입니다.

지금 우리의 가정에서 부모들은 자기 아이를 어떤 태교로 낳아 어떤 교육을 시켜서 예수님의 참제자답게 기르고 있는가를 생각해보신 적이 있는지요? 세상 사람들은 태교에 많은 관심을 갖는 것 같습니다. 그러나 크리스천 입장에서 볼 때에 말씀이 빠진 태교는 영적인 권능을 기대하기 힘듭니다. 말씀을 암송 묵상하는 태교를 가르치고 훈련하는 곳이 꼭 필요한 때입니다.

그래서 나는 1995년부터 신대원생들에게 장학금을 지급하면서 말씀 암송의 훈련을 시켜왔으며, 1999년부터는 믿는 엄마와 할머니들에게 303비전성경암송학교 유니게과정을 통해서 암송훈련을 해왔습니다. 먼저 엄마가 복 있는 사람이 되게 하고, 그 엄마가 말씀암송태교를 통해서 진정한 복 있는 자녀를 낳아 기르게 하기 위해서입니다.

암송태교로 태어난 아이들의 특징

태아의 오감 중에서 청각이 제일 먼저 발달한다고 합니다. 태아는 엄마의 심장박동 소리를 들으며 자랍니다. 엄마의 평화로운 '쿵더쿵 쿵더쿵' 하는 3박자 박동 소리를 들으며 자란 태아의 심리 상태와 시시때때로 엄마의 분노하거나, 슬퍼하거나, 불안해 하거나, 미워하는 흥분된 마음으로 인하여 '쿵덕 쿵덕 쿵덕 쿵덕' 하는 빠른 2박자의 박동 소리를 듣고 자란 태아의 심리 상태를 상상해보십시오.

언젠가 의사 아들의 청진기로 나 자신의 심장박동 소리를 들어본 적이 있습니다. 그 소리가 얼마나 크던지 지금도 잊혀지지 아니합니다. 하물며 임신부의 놀란 박동 소리는 태아에게는 마치 천둥 벼락치는 소리처럼 들릴 것입니다. 태 속에서 이렇게 불규칙한 엄마의 심장박동 소리를 듣고 자란 아이는 필경 신경질적이며, 부정적이며, 잘 놀라는 기질을 가지고 태어날 것입니다. 이런 아이는 어릴 때부터 산만하고, 울기를 잘 하고, 공동체 생활에 적응하기가 어려울 것입니다.

이와는 대조적으로 임신부가 자신이 즐겨 암송한 말씀을 주야로 묵상하며 하나님의 은혜에 감격하여 감사하는 삶을 산다면 어떨까요? 그 태아는 평안하고 밝고 웃음이 많은 온유한 아이로 자라게 될 것입니다. 이와 더불어 하나님을 찬미하는 찬송가나 혹은 헨델의 오라토리오 〈메시아〉나 드보르작의 〈신세계교향곡〉 같은 명곡을 들으면서, 성경을 읽거나 좋은 설교를 듣는 것도 좋은 태교가 될 것입니다.

하지만 무엇보다도 임신부가 살았고 운동력이 있어서 좌우에 날선 어떤 검보다도 예리하여 혼과 영과 및 관절과 골수를 찔러 쪼개기까지 하며 마음의 생각과 뜻을 감찰하는(히 4:12) 하나님의 말씀을 사모하는 마음으로 늘 암송 묵상한다면, 그 태아의 영적 건강은 최상을 보장할 수 있습니다.

나는 그 증거를 유니게과정을 마치고 말씀암송태교를 성실하게 하여 태어난 수십 명의 자녀에게서 찾아볼 수 있었습니다. 말씀암송태교로 낳은 자녀들은 한결같이 여간해서 잘 울지 않고, 늘 방글방글 잘 웃을 뿐 아니라 지혜도 뛰어나다는 사실을 확인할 수 있었습니다.

세상의 다른 태교에 비해 말씀암송태교는 너무나 단순합니다. 금기사항이나 기피사항도 없습니다. 오직 말씀을 사모하는 마음으로 암송하고, 그 말씀을 수시로 즐겨 반복 암송 묵상하는 것만으로도 믿음의 임신부들은 행복을 맛봅니다. 그 행복 자체가 최상의 태교가 되는 것입니다. 태반을 통해서 엄마의 피가 태아의 몸에 들어가고, 엄마의 희로애락의 심리상태가 태아에게 그대로 전달되기 때문입니다.

또한 말씀암송태교의 특징 중 하나는 장소와 시간에 구애됨이 없다는 것입니다. 나는 새벽예배를 드리러 가고 오는 길에서 말씀을 읊조리며 걷습니다. 맑은 새벽 공기를 마시며, 하나님의 말씀을 읊조립니다. '말씀은 곧 하나님'이시므로 하나님의 품에 안겨서, 하나님을 내 마음에 모시고 하나님과 대화하며 걷는다고 생각해보십시오.

만일 내가 아이를 잉태한 여인이었다면, 느끼고 깨닫는 모든 것이 태아에게 동시에 전달될 것이기에 이보다 더 좋은 태교가 없을 것입니다. 하나님의 말씀을 사모하고 그 말씀을 암송하여 내 안에 모셔들이고, 암송한 말씀을 누웠을 때나 일어났을 때나, 길을 걸을 때나, 집에 앉았을 때나, 수시로 묵상하고 은혜를 누린다면, 나머지 일은 보혜사 성령께서 전적으로 책임져주실 것입니다.

암송으로 태어난 아이들

'백문이 불여일견百聞而不如一見', 곧 말로 아무리 들어도 증거를 직접 보고 확인한 것만 못합니다. 나의 졸저《말씀이 너무너무 좋아서》의 부록에 303비전 장학생들의 말씀암송태교로 낳은 자녀들에 관한 간증을 실었습니다. 여기서는 그중 두 가정의 사례를 소개합니다.

✦ 송현범 목사(5기 303비전 장학생) 가정

나는 2002년에 장학생이 되어 암송을 시작했습니다. 아내는 첫째 아이의 경우 미처 말씀암송태교를 하지 못하고 출산하였으나, 둘째를 임신한 후에는 성경암송학교 유니게과정에 등록하여 말씀암송을 하고 출산했습니다. 아내는 틈틈이 배 속의 아이에게 시편 1편을 암송해주고 기도해주며 아이와 대화를 했고, 나도 가끔 함께했습니다.

그렇게 해서 예쁜 딸아이가 태어났고, '하윤河潤'이라고 이름 지었습니다. (중략) 하윤이는 잘 웃고 순합니다. 낯가림도 없습니다. 누구한테도 잘 안기고, 누구를 보더라도 방긋방긋 웃습니다. 부모인 우리가 보기에도 신기할 정도로 잘 웃습니다. 물론 졸리거나 배고플 때는 울기도 합니다만 울다가도 금방 그치고, 젖을 물리거나 잠깐만 어르면 금방 다시 웃습니다. 잠도 잘 자고, 자다가 깨도 우는 일이 거의 없습니다.

처음에는 아이가 너무 잘 웃어서 '애가 좀 이상한 것 아닌가?' 하고 생각하기도 했습니다. 하지만 잘 웃는 것이 암송태교로 이루어진 말씀의 힘이라고 확신하게 되었습니다.

사실 첫째 아이가 태어나 첫돌이 되기까지 새벽마다 얼마나 고생을 했는지 모릅니다. 첫째는 저녁에 잠들기 전에 무척 보챘고, 자다가도 꼭 새벽 2,3시만 되면 엄청 울어댔습니다. 아이를 재우기 위해 업어서 어르고, 안아서 흔들어주고, 때로 이불로 그네를 만들어 태워주며 별별 고생을 다 했습니다. 늘 밤잠을 설치고 새벽예배에 갔기 때문에 참 힘들고 피곤했습니다. 이렇게 첫째 아이를 키우면서 어려움을 겪었기 때문에 둘째를 낳은 다음에는 마음의 준비를 단단히 했습니다.

'또 고생길이 열리는구나. 1년 정도는 각오를 하자.'

그런데 신기하고 감사하게도 둘째 아이를 키우는 동안 지금까지 한 번도 밤잠을 설친 적이 없습니다. (중략) 첫째와 둘째를 비교하다 보니 본의 아니게 큰아이가 문제가 많은 것처럼 이야기되었지만, 첫째도 3살부터 꾸준히 말씀암송을 하여 여러 좋은 성품들을 가지게 되었습니다. 하지만 첫째도 말씀암송태교로 낳았으면 지금보다 훨씬 더 좋지 않았을까 하는 생각이 들곤 합니다. (중략) 나는 살았고 운동력이 있는 하나님의 말씀의 능력을 믿으며 앞으로도 말씀암송에 기반을 두고 두 아이를 교육할 것입니다.

⭐ 최현기 목사(5기 303비전 장학생) 가정

성주를 가졌을 때 아내는 한 가지 결심을 했습니다.

'아기가 태어나기 전까지 성경을 1독하리라.'

그것은 단순히 성경을 읽겠다는 것이 아니라 성경을 읽으며 은혜를 받겠다는 의지였습니다. 실제로 아내는 성경을 읽으며 하나님의 말씀이 마음에 다가오면, 그 순간 자기 배에 손을 얹고 아기에게 복이 전달되도록 기도했습니다.

임신 8개월쯤 되었을 때, 나는 아내를 성경암송학교 유니게과정에 등록시켰습니다. 그곳에서 말씀암송을 시작한 아내는 말씀으로 자녀를 교육하는 것에 대해 배우게 되었고, 아내가 이전에 가졌던 자녀교육에 대한 부담감이 소망과 기대, 자신감으로 바뀌는 것을 보게 되었습니다. 그렇게 출산까지 아내는 성경 100절을 암송했습니다.

태어난 아이는 다른 신생아들과 차이를 보였는데 잘 울지 않았고, 잠을 잘 잤습니다. 나는 '내 아기라서 그런 생각이 드는 거겠지' 하고 가볍게 넘기려 했지만, 병원 간호사들이 성주를 '순둥이'라고 부르며, 아이의 성품을 칭찬했습니다. 또한 밤낮이 바뀌는 일도 없어서 아내가 잠잘 때에 어려움을 겪지 않아도 되었습니다.

태어난 지 한 달이 되면서부터 교회에 나가기 시작한 성주는 5개월이 지나서는 새벽예배를 비롯한 모든 예배를 엄마와 함께 드렸습니다. 성주는 너무나 온순해서 예배 시간에 울거나 보채는 일이 없었습니다. 심지어 교회의 어른들조차 "아기를 거저 키운다"라고 말씀하실 정도입니다. 영아실에 있을 때에도 다른 아이들은 우는데 비해 조용히 누워 있었습니다.

아이가 태어난 지 6개월이 되던 어느 날, 건너 집 아줌마가 집사람에게 아기 울음소리가 한 번도 들리지 않아서 이사간 줄 알았다고 할 정도였습니다.

물론 성주도 고집이 있습니다. 그런데 정서적으로 안정되어 있어서 그 고집이 나쁘게 드러나지 않고 아기가 차분한 상태를 유지하는 것입니다. 우리 부부는 성주의 그런 모습이 순전히 말씀암송태교의 결과라고 믿고 있습니다.

'말씀으로 안정된 아기 그리고 말씀에 익숙한 아기'는 암송태교를 하는 모든 엄마에게 하나님께서 내려주시는 큰 선물이라고 생각합니다.

현재 303비전성경암송학교 카페(http://cafe.godpeople.com/HoneyBee) UCC 게시판에 올라와 있는 이온유 군의 동영상도 그 증거입니다. 실제로 말씀암송태교로 태어난 아이들의 공통점은 방긋방긋 잘 웃고, 새근새근 잘 자고, 배가 몹시 고파야 잠시 울고, 잘 놀라지도 않고, 말씀암송 소리를 들으면 가만히 있다가도 방긋 웃으며, 말을 빨리 배우고, 눈빛이 반짝이고, 이해력이 뛰어나다는 것입니다.

2기 장학생 박용정 목사님의 셋째 아들 현수도 말씀암송태교로 태어났는데, 젖먹이가 늘 방긋방긋 웃기만 해서 한때는 '혹시 말을 하지 못하는 것은 아닐까' 하고 부모가 의심했을 정도였답니다. 심지어 엄마가 재워놓은 아이를 아빠한테 부탁하고 3시간 이상 밖에 나갔다 왔는데도 울지 않아서 방문을 열어보니 혼자 누워서 주먹을 빨며 놀고 있었답니다.

4기 장학생 이홍길 목사님의 딸 예빈이는 생후 11개월에 엄마 등에 업혀서 엄마가 "대저 의인의 길은 여호와께서 인정하시나 악인의 길은 망하리로다 아멘" 하고 시편 1편을 암송하자 가만히 듣고 있다가 "아멘" 했던 것을 아빠가 녹음하여 그 테이프를 제게 주었습니다.

5기 장학생 강동협 목사님의 사모님은 임신 8개월 때 7기 유니게과정을 수료한 후에 아들 빈이를 낳았는데 활달하고 웃기를 잘하며 여간해서 울지를 않았습니다.

저의 막내 손자 인규는 어미가 임신 중에 8기 유니게과정을 수료하였으며, 말씀암송태교로 태어나서 그런지 영아 때부터 어찌나 잘 웃는지요. 두 돌이 지났을 때 할아버지인 저와 손을 잡고 교회에 가면 교통 정리하시는 장로님이 '스마일 보이'라고 불렀습니다.

이처럼 암송태교로 태어난 아이들의 공통된 특징은 잘 웃는다는 것입니다. 이는 모태에서 10개월 동안 평안한 엄마의 마음상태로 인한 리드미컬한 심장박동 소리를 듣고 자랐다는 것을 증명합니다.

그밖에도 암송태교로 얻은 자녀들의 공통점을 살펴보면, 자랄수록 인정이 많아서 오빠나 형이 울면 다가가서 울지 말라고 얼굴을 쓰다듬어 주기도 하고, 상처가 보이면 그 위에 고사리 손을 얹고 기도를 한답시고 눈을 감는다고 합니다.

세상에서는 머리가 좋은 태아에 관심을 기울이고 있지만, 우리 크리스천들은 그보다도 영적으로 경건한 태아에 관심이 모아집니다. 임신부가 좋은 음악을 듣고 아름다운 예술 작품을 감상하는 것은 태아에게 좋은 정서를 심어주는 데 도움이 될 것입니다. 또한 적당한 운동과 좋은 섭생은 태아의 건강에 유익할 것입니다. 그러나 우리의 사랑하는 자녀들을 그리스도의 참제자의 성품을 갖춘 리더로 키우려면, 태교부터 말씀 암송훈련을 해야만 한다고 봅니다.

임신부가 배를 어루만지며 "아가야, 엄마와 함께 하나님의 말씀을 암송하자" 하면서 경건한 자세로 말씀을 암송하고 반복하며, 찬송하고 기도하면, 그 태아는 분명히 온유한 성품에 뛰어난 경건성과 집중력과 기억력은 물론 건강한 아이로 태어날 것입니다. 이것은 하나님께서 보장하시는 참과학이요, 참지혜입니다.

돌이켜 생각하면, 이제까지는 이 땅에는 온전한 암송태교로 태어난 아이가 극히 드물었다고 봅니다. 바꾸어 생각하면, 앞으로 성경암송태교로 태어난 신생아는 이제까지와는 차별화된다고 말할 수 있습니다.

말씀암송태교로 태어난 아이를 지속적으로 엄마와 아빠가 부부 사랑과 자녀 사랑이 넘치는 따뜻한 가정환경 속에서 말씀암송교육을 우선순위로 삼고, 날마다 말씀암송가정예배를 드리며 키운다면 틀림없이 이제까지의 어느 누구와도 다른 온유하고 경건하며, 밝고 정직한 인재들이 기라성처럼 나타나게 될 것입니다.

이처럼 303비전이라는 황홀한 꿈이 차근차근 이루어져 가고 있기에 우리는 주야로 노래하고 찬송하며 말씀암송교육에 힘쓰고 있습니다. 하나님의 말씀을 태에서부터 엄마를 통하여 몸과 영에 익혀서 태어나는 어린이들이 백 명, 천 명, 만 명으로 늘어가고 있는 이 나라는 곧 하나님의 뜻이 땅에 이루어지는 지상천국이 될 것입니다.

슈퍼 신인류의 탄생

현재 우리나라는 급격한 출산률 저하로 인해 이대로 간다면 몇 십 년 후에는 노인만 우글거리게 될 것이라고 걱정하는 사람이 많습니다. 그리하여 정부에서도 팔을 걷어붙이고 나섰습니다. 아이를 많이 낳는 가정에는 특별한 보상이 약속될 정도입니다.

물론 신생아가 많이 태어나야 이 나라의 장래가 보입니다. 그러나 그보다 더 시급한 일이 있습니다. 이미 태어난 우리의 자녀를 온전히 키우는 일입니다. 한 자녀를 낳더라도 온 정성을 다하여 말씀으로 태교하고,

어려서부터 말씀으로 전신갑주를 입혀놓는다면, 사탄은 함부로 우리의 자녀를 유혹하지 못할 것입니다.

그리고 더욱 기대되는 것은 말씀암송태교의 효능이 널리 알려져서 이 땅의 모든 크리스천 주부들이 자녀양육의 자신감을 가지고 하나님이 주시는 양육의 기쁨과 보람을 느끼게 되면 더 많은 자녀를 낳게 되어 저출산 문제는 절로 해결이 될 것이며, 교회부흥은 맡아놓은 당상이 될 것입니다.

앞서 사례에서 보았듯이 말씀암송태교를 제대로 하기만 하면, 예외 없이 신인류가 태어나고 있습니다. 국어대사전에 의하면, '품성品性'은 '품격品格과 성질'을 가리키며, '품성稟性'은 '선천적으로 타고난 성품'이라 구분하고 있습니다. 말씀암송태교로 태어나는 아이는 온유한 품성稟性으로 세상에 나오기 때문에 나는 이 아이들을 차별화하여 신인류新人類라 부르고, 모든 능력이 뛰어나기에 슈퍼super를 붙여서 '슈퍼 신인류'라 즐겨 부르고 있습니다.

이렇게 태어난 아기들이 남다르게 온순하고 건강하다는 것만으로도 놀랍지만, 무엇보다도 그 아기들이 어려서부터 말씀암송과 암송가정예배가 몸에 배는 양육을 받는다고 생각해보세요. 20, 30년 후의 그 아이가 갖추게 될 성품과 인격과 능력을 생각해보면 참으로 하나님께서 기뻐하시는 예수 그리스도의 참제자들이 될 것이 틀림없습니다.

다음은 말씀암송태교로 태어난 슈퍼 신인류 태영이의 엄마 최정은 집사님의 양육 보고입니다.

🌟 신인류 태영이 이렇게 자랐어요

암송하면서 임신을 계획하였고, 암송태교로 태어난 우리 태영이(큰[太] 영광[榮] 돌리라는 뜻)는 출생부터 남달랐어요. 가假진통을 2주간 하면서 양수가 점점 줄어들어 급기야 일주일 넘게 양수가 없는 상태였어요.

그러다 산모와 아기 모두 위험할 수 있다는 의사의 진단에 따라 급히 수술 준비를 하는 중에 저는 진통을 견디면서 시편 23편, '여호와는 나의 목자시니… 목자시니… 목자시니… 목자시니… '를 10번 정도 암송했습니다. 그렇게 암송을 하며 진통을 견딘 덕분에 수술 없이 아이를 낳을 수 있었어요.

태영이는 2.5킬로그램의 왜소한 몸으로 태어났습니다. 그러나 인큐베이터 신세지지 않고 하나님의 은혜로 아무 이상 없이, 병원에서 기적이라는 말을 들으면서 건강하게 퇴원하여 집에 왔어요.

산후 도우미가 2주간 태영이와 저를 돌봐주었는데요, 2주 동안 아이가 한 번도 울지 않아서 10년 경력의 도우미 아주머니가 이렇게 순한 아이는 처음 본다고 말할 정도였지요. 또한 성당에 다니는 그 도우미 아주머니 역시 암송태교를 배우고 싶다기에 장로님 책《말씀이 너무너무 좋아서》와 《이슬비 암송노트》를 드렸더니 무척 좋아하며 받아가셨어요.

시어머니는 아기가 울지 않아서 걱정이라면서 병원에 다녀오라고 하실 정도였어요. 첫 예방접종을 하던 날도 도우미 아주머니와 언니가 병원에 데리고 갔다 왔는데, 역시나 잠깐 "엥" 하고는 말았답니다.

태어난 지 50일이 되어 기념사진 촬영을 위해 사진관에 갔을 때 일입니다. 만 2개월이 안 된 아이들은 잘 웃지 않고 배냇짓만 한다는데, 신인류 태영이는 연신 행복한 미소를 띠고 있어 사진관에서도 신기하다고 했답니다. 교회 유아실에서도 이쁜 태영이는 인기 폭발이고, 덕분에 교회 월간지에도 암송태교로 태어난 태영이에 대한 글이 실렸답니다.

첫 아이 태현이도 순하다는 말을 들었는데, 태영이는 제 형과는 비교도 안 됩니다. 신생아 때부터 밤에는 아침 6시에 수유를 할 때까지 깨지도 않고 잘 잤어요. 응아를 해도 울지 않아서 자연 기저귀를 늦게 갈아주는 바람에 엉덩이와 등에 발진이 생겼던 일이 있었어요. 이젠 정상아보다 더 튼튼한 태영이는 정말 신인류답게 잘 자고, 잘 먹고, 잘 웃어서 주변 사람들의 사랑을 독차지한답니다.

천사 같은 태영이는 시편 23편을 제일 좋아합니다. 아마도 진통 때 엄마의 암송을 들으며 세상에 나왔기 때문인가 봅니다. 하나님께 영광! 암송태교 파이팅! 암송진통 만세! 암송양육이 최고입니다.

✝ 부산온누리교회 최정은 집사님은 23기 1,2단계를 수료하였습니다.

먼 땅에서 오는 좋은 기별은 목마른 사람에게 냉수와 같으니라

잠 25:25

비록 가까운 곳으로부터 왔다 할지라도 좋은 기별은 누구에게나 반

갑기 이를 데 없을 것입니다. 하물며 303비전으로 신인류 탄생의 꿈을 꾸는 나에게 보내온 박수미 집사님의 "달콤이가 태어났어요"라는 기별은 마치 여름철 뙤약볕 연병장에서 목이 타는 사병에게 건넨 얼음냉수와도 같았습니다.

🌸 달콤이가 태어났어요

장로님, 그동안 평안하셨는지요. 달콤이 엄마 박수미입니다. 광성교회에서 유니게과정 2단계를 마친 10일쯤 뒤에 달콤이가 건강하게 태어나서 현재 한 달이 넘어가고 있어요. 초보엄마여서 달콤이의 생활 리듬을 읽고 돌보느라 컴퓨터 할 시간이 부족해서 소식이 늦어졌습니다. 그러나 누구보다 기뻐해주실 줄 알고 늦게나마 기쁜 소식을 전하러 이곳에 왔습니다.

할렐루야! 먼저 살아계신 하나님을 찬양합니다. 말씀암송태교의 신비를 하루하루 경험하고 있는 행복한 엄마가 되게 해주심이 놀랍고 감사합니다.

갓 태어난 아이에게 시편 말씀과 유니게송, 꿈나무송, 태교의 노래를 불러주고 매일 낮에 수유할 때도 육을 위한 젖 말고도 영을 위한 말씀의 젖도 먹이는 마음가짐으로 말씀암송가정예배를 드리고 있습니다. 엄마 배속에서 자주 들은 멜로디와 말씀들이 달콤이에게도 익숙하고 편안한지 아이가 참 평안해 보입니다.

신비롭게도 정말 잘 웃고, 잘 자고, 잘 먹고, 건강하게 자라는 달콤이를 보면서 저도 303비전을 품은 사명자로서 암송태교의 신비를 몸소 경험하고 있어요. 기도한 대로 모유도 부족함 없이 나오고, 배고프거나 기저귀를 갈아줘야 하거나 어떠한 경우에도 달콤이가 2분 이상 운 적이 없습니다. 너무 신비롭죠? 또 밤중에도 깊이 잠들어서 평균적으로 4, 5시간을 깊이 잡니다. 아이가 너무 잘 자서 가끔 숨을 쉬고 있나 체크해볼 정도입니다.

그동안 가정예배를 드리면서 하나님을 사모하는 마음이 얼마나 중요한지, 엄마로서 얼마나 말씀과 성령으로 충만해져야 하는지, 깊이 느꼈습니다. 또 수동적이거나 습관적으로가 아니라 날마다 새롭게 303비전을 품고 하루하루를 가정예배로 승리해야 이 비전을 통해 하나님께 영광을 드릴 수 있겠다는 생각을 하게 됩니다. 이 모든 일을 통해 하나님께 열매를 드릴 수 있는 멋진 날이 오기를 기도하고 기대하고 있습니다.

✚ 하남교회 박수미 집사님은 32기 유니게과정 2단계를 수료하였습니다.

말씀암송태교학교의 꿈

유니게과정과는 별도로 오직 임신부와 가임可姙 여성들만을 위한 말씀암송교육 7주 커리큘럼을 기도하며 만들어서 3회 실시해보았습니다. 암송 내용은 유니게과정과 같으나, 태교로 낳아 기른 부모들의 간증 시간을 많이 배정했고, 태교의 유의사항, 태교의 성경적 이해, 태교의 유익성에 관한 강의로 구성했습니다.

그런데 대부분의 임신부와 가임 여성이 직장생활을 하는 분들이 많은 관계로 주간반과 야간반을 동시에 개최했습니다. 참석한 분들의 반응은 좋았으나 지원자가 너무 적어서 임시 중단상태입니다. 앞으로 요청하는 분이 많아지면 다시 개강할 예정입니다.

✛ 1교시 〈태교의 노래〉 익히기

1절   말씀이신 내주여 주의 사랑 감사합니다
      주의 크신 은혜로 주의 자녀 주셨사오니
      낮이나 밤이나 주를 찬송하겠네
      말씀 암송하면서 주의 사랑 찬양합니다

2절   진리이신 내주여 주의 은혜 감사합니다
      천하보다 더 귀한 태의 생명 받았사오니
      이 생명 다하여 주께 충성하겠네
      말씀 묵상하면서 주의 은혜 사모합니다

3절   영원하신 내주여 주의 권능 찬양합니다
      나의 기도 들으사 귀한 자녀 주셨사오니
      온 정성 다하여 주께 서원갚겠네
      말씀 순종하면서 주의 뜻을 이루렵니다

4절   세상 모든 사람들 말씀 태교 신비모르나
      주의 말씀 태교로 빚된 자녀 품게하소서
      이 영혼 이 가정 주의 도구삼으사
      주의 크신 역사로 신인류를 창조하소서

작사 : 여운학, 2005. / 작곡 : W. H. Doane, 1875.
개역개정판 찬송가 380장, 개역한글판 찬송가 424장 〈나의 생명 되신 주〉 곡

✤ 2교시 말씀암송태교 10가지 유의사항

1. 경건한 마음으로 암송에 임할 것.

2. 말씀을 사모하는 마음을 품을 것.

3. 엄마의 생각이 태아에 그대로 전달된다는 사실을 명심할 것.

4. 오직 즐거운 마음으로 말씀을 암송할 것.

5. 암송한 말씀을 항상 경건한 마음으로 묵상할 것.

6. 태아의 대뇌피질은 임신 24주부터 생성된다는 사실을 알 것.

7. 태아는 아빠의 기도 소리를 들으며 자란다는 사실을 알 것.

8. 태아에게 찬송가 CD를 즐겨 들려주면서 성경을 암송할 것.

9. 자신의 배 위에 손을 얹고 조용히 말해주는 습관을 가질 것.

10. 자신의 배 위에 손을 얹고 태아와 함께 말씀을 암송할 것.

✤ 3교시 기본 말씀 암송하기

1. 하나님을 감격과 기쁨으로 찬미하는 시편 1, 8, 23, 100, 121, 126, 127, 128, 150편 중 더 감동되는 시편을 암송하며 하나님을 찬양합니다.

2. 예수 그리스도를 만날 수 있고, 하나님의 사랑을 피부로 느낄 수 있으며, 동시에 부모가 자녀를 위하여 기도할 수 있는 약속의 말씀들 곧 '요 1:1-14 ; 마 5:1-6, 7:1-14 ; 요일 1:1-10 ; 신 6:4-9 ; 창 12:1-4 ; 신 28:1-6 ; 잠 16:1-9 ; 사 53:1-9 ; 롬 7:14-25, 8:1-11 ; 고전 13:1-13 ; 엡 6:1-4' 중에서 더 감동되는 말씀을 묵상함으로써 생활의 말씀화, 말씀의 생활화가 자연스럽게 이루어집니다.

3. 구원의 원리, 기도 응답의 말씀들, 즉 '고후 5:17 ; 갈 2:20 ; 시 107:9 ;
   잠 22:6 ; 시 18:1 ; 막 16:15 ; 살전 2:13 ; 렘 33:3 ; 시 119:67,71 ; 히
   4:12,13 ; 사 40:31, 41:10 ; 수 1:8,9 ; 요 13:34,35 ; 갈 5:22-24 ; 롬 3:23,24'
   중에서 더 감동되는 말씀을 암송합니다.

✛ 4교시 말씀 강보 만들기

유대 여인이 아기를 잉태하면 강보襁褓에 정성들여 하나님의 말씀을 수놓
는다고 합니다. 그래서 아기가 세상에 나오자마자 미리 준비해두었던 강
보로 재빨리 아기를 돌돌 만답니다. 그렇게 하는 이유는 태어나자마자 가
장 먼저 하나님 말씀으로 보호하여 사탄이 범접치 못하도록 하기 위해서
라고 합니다.

그 약혼한 마리아와 함께 호적하러 올라가니
마리아가 이미 잉태하였더라
거기 있을 그때에 해산할 날이 차서
첫아들을 낳아 강보로 싸서 구유에 뉘었으니 눅 2:5-7

너희가 가서 강보에 싸여 구유에 뉘어 있는 아기를 보리니
이것이 너희에게 표적이니라 하더니 눅 2:12

나는 처음에 성경에서 가장 바람직한 태교를 한 어머니와 아들을 묵상할 때 사라와 이삭, 한나와 사무엘이 떠올랐습니다. 그런데 더 깊이 묵상할수록 마리아와 예수님이 클로즈업되었습니다. 특히 유대 여인들이 임신 중에 하나님의 말씀으로 수를 놓은 강보로 갓난아기를 돌돌 싸맨다는 사실을 알게 되면서부터 더욱 마리아의 말씀태교에 대하여 깊이 묵상하게 되었습니다.

마리아가 가브리엘 천사로부터 수태고지受胎告知를 받은 직후부터 예수님을 낳기까지 무엇을 했을까요? 처음 석 달은 친척 엘리사벳이 요한을 잉태한 지 6개월 된 때부터 9개월 곧 만삭이 될 때까지 함께 살면서 엘리사벳과 더불어 가브리엘로부터 들은 약속의 말씀을 나누며, 온 정성을 들여서 강보를 비롯한 아기의 옷과 이불에 말씀으로 수를 놓았을 것으로 짐작됩니다. 그러니 예수 그리스도와 세례 요한은 최고의 말씀태교로 태어났으리라 믿어집니다.

모든 엄마들이 임신 중에 새로 태어날 아기를 감싸줄 강보를 비롯하여 아기 이불과 속싸개와 베개, 발싸개 등 아기를 위한 모든 옷가지에 직접 정성들여 감동적인 말씀을 수놓으면서 태교를 한다면, 참으로 바람직한 태교가 될 것입니다.

*강보에 수놓을 말씀 선집 30

태초에 하나님이 천지를 창조하시니라 창세기 1장 1절

내가 너로 큰 민족을 이루고 네게 복을 주어 네 이름을 창대하게 하리니 너는 복이 될지라 창세기 12장 2절

너를 축복하는 자에게는 내가 복을 내리고 너를 저주하는 자에게는 내가 저주하리니 땅의 모든 족속이 너로 말미암아 복을 얻을 것이라 하신지라 창세기 12장 3절

나의 힘이신 여호와여 내가 주를 사랑하나이다 시편 18편 1절

여호와는 나의 목자시니 내게 부족함이 없으리로다 시편 23편 1절

여호와는 나의 빛이요 나의 구원이시니 내가 누구를 두려워하리요 여호와는 내 생명의 능력이시니 내가 누구를 무서워하리요 시편 27편 1절

하나님이여 사슴이 시냇물을 찾기에 갈급함 같이 내 영혼이 주를 찾기에 갈급하니이다 시편 42편 1절

감사로 하나님께 제사를 드리며 지존하신 이에게 네 서원을 갚으며 환난 날에 나를 부르라 내가 너를 건지리니 네가 나를 영화롭게 하리로다 시편 50편 14,15절

그가 사모하는 영혼에게 만족을 주시며 주린 영혼에게 좋은 것으로 채워주심이로다 시편 107편 9절

내가 주의 법을 어찌 그리 사랑하는지요 내가 그것을 종일 작은 소리로 읊조리나이다 시편 119편 97절

주의 말씀의 맛이 내게 어찌 그리 단지요 내 입에 꿀보다 더 다니이다
시편 119편 103절

보라 자식들은 여호와의 기업이요 태의 열매는 그의 상급이로다
시편 127편 3절

보라 형제가 연합하여 동거함이 어찌 그리 선하고 아름다운고
시편 133편 1절

여호와를 경외하는 것이 지식의 근본이거늘 미련한 자는 지혜와 훈계
를 멸시하느니라 잠언 1장 7절

나를 사랑하는 자들이 나의 사랑을 입으며 나를 간절히 찾는 자가 나
를 만날 것이니라 잠언 8장 17절

사람이 마음으로 자기의 길을 계획할지라도 그의 걸음을 인도하시는
이는 여호와시니라 잠언 16장 9절

너는 내게 부르짖으라 내가 네게 응답하겠고 네가 알지 못하는 크고
은밀한 일을 네게 보이리라 예레미야 33장 3절

구하는 이마다 받을 것이요 찾는 이는 찾아낼 것이요 두드리는 이에게
는 열릴 것이니라 마태복음 7장 8절

예수께서 이르시되 할 수 있거든이 무슨 말이냐 믿는 자에게는 능히
하지 못할 일이 없느니라 하시니 마가복음 9장 23절

태초에 말씀이 계시니라 이 말씀이 하나님과 함께 계셨으니 이 말씀은
곧 하나님이시니라 요한복음 1장 1절

하나님이 세상을 이처럼 사랑하사 독생자를 주셨으니 이는 그를 믿는
자마다 멸망하지 않고 영생을 얻게 하려 하심이라 요한복음 3장 16절

그러므로 믿음은 들음에서 나며 들음은 그리스도의 말씀으로 말미암
았느니라 로마서 10장 17절

십자가의 도가 멸망하는 자들에게는 미련한 것이요 구원을 받는 우리
에게는 하나님의 능력이라 고린도전서 1장 18절

그런즉 누구든지 그리스도 안에 있으면 새로운 피조물이라 이전 것은
지나갔으니 보라 새 것이 되었도다 고린도후서 5장 17절

오직 성령의 열매는 사랑과 희락과 화평과 오래 참음과 자비와 양선과
충성과 온유와 절제니 이같은 것을 금지할 법이 없느니라
갈라디아서 5장 22,23절

자녀들아 주 안에서 너희 부모에게 순종하라 이것이 옳으니라
에베소서 6장 1절

주 안에서 항상 기뻐하라 내가 다시 말하노니 기뻐하라 빌립보서 4장 4절

내게 능력 주시는 자 안에서 내가 모든 것을 할 수 있느니라
빌립보서 4장 13절

너희 중에 누구든지 지혜가 부족하거든 모든 사람에게 후히 주시고 꾸
짖지 아니하시는 하나님께 구하라 그리하면 주시리라 야고보서 1장 5절

네가 죽도록 충성하라 그리하면 내가 생명의 관을 네게 주리라
요한계시록 2장 10절

8장

말씀암송
가정예배를 드리라

가정예배의 고정관념 깨기

어린 시절부터 자녀를 굳건한 믿음 안에서 자라게 하기 위해서는 날마다 부모와 자녀가 함께하는 가정예배가 큰 몫을 담당합니다. 많은 성도들이 이런 사실을 알고 있고 교회마다 가정예배를 강력히 권장하는데도 불구하고, 이를 실천하는 가정은 찾아보기 힘듭니다.

어른도 아이도 바쁜 세상이라 가족이 한 자리에 모이기 어렵고, 예배 시간에 은혜롭게 설교할 자신이 없거나 혹은 이를 준비할 시간의 여유가 있는 어른(아버지, 어머니, 남편, 아내)이 거의 없다는 것이 주요인일 것입니다.

또한 가정예배를 부모의 훈계 시간으로 여기는 경우가 많아 부모의 설교 중심 가정예배에서 벗어나지 못하는 것입니다.

그나마 그렇게라도 일주일에 한두 번 가정예배를 드리다가 자녀가 10살 이상 되면, 각종 과외수업으로 바쁜 자녀는 제외시키고 부모님끼리 메마르고 형식적인 예배로 경건을 유지하려는 가정을 많이 봅니다.

날마다 즐거운 마음으로 경건히 드리는 가정예배를 살려야 합니다. 지극히 성경적이면서 쉬운 길이 있습니다. 교회에서 드리는 예배와 달리 말씀을 풀어 설명하는 설교를 없애면 됩니다.

예배란 무엇입니까? 예배는 하나님을 경배하는 것입니다. 예배의 본질은 말씀과 찬송과 기도로 하나님을 높이는 것입니다. 가정예배에서는 설교 대신, 온 가족이 말씀을 사모하는 마음으로 함께 읽으면 될 것입니다. 더 바람직한 길은 평소에 암송했던 말씀을 함께 암송하는 것입니다.

새로운 말씀과 이미 암송한 말씀을 반복하여 훈련시키면서 어려운 말씀의 뜻을 풀어주고, 적용점을 나누는 가운데 부모와 자녀간의 대화가 자연스럽게 이루어지면 부자 간의 장벽이 아예 생기지도 않을 것이며, 가족 사랑도 주님 안에서 돈독해질 것입니다.

남의 의견을 경청하는 훈련과 동시에 자신의 의견을 차분히 간추려 발표하는 훈련을 쌓아가는 효과도 있습니다. 하나님의 말씀을 중심으로 부모와 자녀가 함께 대화를 나눈다는 것이 얼마나 중요한 일인지 모릅니다.

자녀가 좋아하는 찬송 혹은 자녀를 위해 준비된 복음성가를 함께 소리 높여 부르고, 자녀가 각각 돌아가며 부모님을 위해 기도하고 형제자매와 할아버지, 할머니 혹은 일가친척을 위해 기도한 후에 부모님이 성경말씀을 적용하여 자녀에게 축복기도를 하고 주기도문으로 예배를 마치면 됩니다.

실제로 엄마들이 성경암송학교 유니게과정에 등록하여 암송훈련을 받기 시작하면, 먼저 자녀들과 함께 즐거운 말씀암송가정예배를 드리기 시작합니다. 그러면 한결같은 간증이 쏟아져 나옵니다. 가끔 엄마가 피곤하여 오늘은 좀 쉬자고 하면서 잠자리에 누우면, 자녀들이 "엄마, 왜 오늘 예배 안 드려요?" 하면서 평소 예배드리던 장소에 가족들의 방석을 가져다 놓기도 하고, 가정예배를 싫어하던 자녀들이 말씀암송가정예배를 드린 후부터는 도리어 앞장서서 가정예배를 드리는 일들이 일어나고 있습니다.

낡은 고정관념을 깨고 설교 대신 말씀을 읽거나 암송하는 가정예배로, 날마다 즐겁고 경건한 신행일치의 삶을 살기 원합니다. 여러 가지 형편으로 그렇게 하지 못할 경우는 잠자리 들기 전에 5분 예배라도 '날마다' 지속하시기를 바랍니다.

지금까지 나는 '신앙생활의 참맛은 새벽예배로부터' 라는 말을 즐겨 써왔습니다. 이제는 '성도의 자녀교육은 말씀암송가정예배로부터' 라는 말을 강조하고 싶습니다.

가정예배의 새 패러다임

우리나라의 역사가 새로이 씌어져가고 있습니다. 어른들이 모여서 외치고, 무슨 결의문을 발표했다는 이야기가 아닙니다. 어느 학자가 새로운 논문을 발표했다는 말도 아닙니다. 지금 이름 없는 한 그리스도인의 가정에서 어린아이들과 엄마 아빠가 하나님의 말씀을 암송하고 날마다 가정예배를 드리고 있습니다.

한 가정, 두 가정, 세 가정에서 이런 일이 진행되다가 열 가정, 스무 가정으로 조용히 번져가고 있습니다. 어려서부터 하나님의 말씀을 먹고, 날마다 가정예배를 드리며 자란 아이들이 학계, 산업계, 문화계, 종교계, 정치계를 주름잡고 다스리는 세상이 올 것입니다. 이것이 바로 새 역사의 창조가 아니겠습니까!

그동안 3,000여 명의 엄마들에게 실시한 말씀암송교육과 그들의 일기를 통해서 저는 몇 가지 새로운 사실을 발견했습니다.

첫째는 크리스천 어머니들마다 하나님께서 기뻐하실 가정교육을 원하면서도 어찌 해야 좋을지 몰라 애를 태우고 있었다는 것입니다. 그러던 중에 말씀암송과 말씀암송가정예배를 통해서 이제까지 찾던 것이 바로 이것이었다고 고백합니다.

둘째는 성경을 날마다 읽거나 큐티하는 것으로 족한 줄 알았는데, 막상 말씀을 암송하고 암송예배를 드려보니, 이보다 더 좋은 가정교육이 없다며 기쁨으로 간증을 합니다.

셋째는 온 가족이 말씀을 암송하고 암송예배를 드리는 중에 부부관계, 부자관계, 자신의 신앙생활에 좋은 변화가 왔다는 것입니다.

넷째는 자녀들이 가정예배 사회를 돌아가며 맡는 사이에 기도와 삶의 자세가 성숙하게 되었다는 것입니다.

어린이가 있는 가정은 반드시 어린이 중심의 말씀암송가정예배를 드리는 것이 바람직합니다. 이제까지는 어른 중심 가정예배였으므로 교회에서 만들어준 순서지에 따라 드렸으나, 말씀암송가정예배는 어린이 중심 예배로서 찬송도 기도도 암송도 어린이의 연령 수준에 따라 경건하면서도 즐거운 예배로 드리게 됩니다.

어느 날, 난 로마서 1장 1절 말씀 곧 "예수 그리스도의 종 바울은 사도로 부르심을 받아 하나님의 복음을 위하여 택정함을 입었으니"라는 구절을 묵상하면서 다음과 같은 나 자신의 소명과 사명을 깨닫게 되었습니다.

"예수 그리스도의 종 여운학은 장로로 부르심을 받아 하나님의 복음을 전파하는 데 필요한 방법과 모든 성도들에게 어려서부터 말씀을 암송하고 암송가정예배로 체질화시키는 방법을 개발, 보급하는 사명을 입었으니."

엄마라면 "예수 그리스도의 종 아무개는 집사(또는 권사)로 부르심을 받아 하나님의 복음을 전파하는 일과 말씀을 암송하고 자녀와 함께 날마다 암송가정예배를 드리는 사명을 입었으니"로 적용할 수 있을 것입니다. 다음은 이 거룩한 사명을 받아 암송예배를 시작한 가족의 이야기입니다.

🦋 기쁘고 즐거운 예배

암송학교 유니게과정에 두 번째 주부터 출석했다. 최에스더 사모님의 말씀 교육과 여운학 장로님의 강의를 통해 큰 은혜를 받았다. 당장이라도 암송예배를 드리고 싶었으나 하루하루 미루어 오다가, 드디어 오늘 처음으로 암송예배를 드리게 되었다. 주일예배 후 집에 돌아와 여러 가지로 분주하였지만, 예배드리고 싶은 마음을 주셔서 두 아들에게 암송예배를 드리자고 하였더니 너무나 좋아했다.

성경책, 주일학교 숙제 공책, 필기도구를 가지고 와서 앉아 있는 아이들의 모습을 보며 참으로 감사한 마음이 일었다. 〈303비전꿈나무송〉을 아이들과 즐겁게 부르고는, 기도와 함께 시작하였다.

신명기 6장 4-9절까지의 말씀을 하니비암송법으로 암송하였는데 교회에서 이미 암송훈련을 받은 터라 암송은 잘하지만 절수를 세는 손가락은 제각각이었다. 하지만 참 감사했다.

우선 아이들이 지루해 하지 않아 감사했다. 예배는 즐거움으로 해야 하며, 암송은 즐겁다는 인식을 심어주기 위해 짧은 시간에 마치려고 했다. 기도제목을 나누고 서로를 위해 기도하는 아이들의 모습이 얼마나 기특하고 예쁘던지, 감사가 절로 나왔다.

예배를 마치고 나서는 두 손을 올려 하나님께 영광의 박수를 드렸다. 아이들에게 이제 자야 할 시간이라고, 작은 스탠드를 켜고 찬양을 틀어주고 방을 나왔다.

잠시 후 시끌시끌한 소리에 문을 열어 보니 아이들이 다시 암송을 하고 성경책을 보면서 서로 이야기를 나누고 있었다. 이전에 교회에서 암송한 부분들을 다시 봐가며, 성경목록가를 부르고, 성경을 덮고서는 찬양을 부르며 "이제 잘게요" 하는 것이었다.

어쩌면 아이들은 가정에서의 예배와 기도와 찬양을 목마름으로 기대하고 있지 않았나 하는 생각이 들었다. 그동안 자녀들의 말씀 양육에 관심은 가졌지만 실천하지 못한 부분들을 회개했다. 영적 전쟁이 있겠지만, 생각만이 아닌 실천으로 암송가정예배를 꾸준히 드릴 수 있도록 기도하며 말씀암송을 통하여 아이들 내면에 성령님의 역사가 일어나길 소망하며 감사했다.

✚ 김강현(11살), 김세현(9살)의 자녀를 둔 예람교회 김은정 집사님(부군 : 김일환 님)은 36기 유니게과정 1단계를 수료하셨습니다.

다음은 하루를 말씀암송으로 시작하고 말씀암송가정예배로 마무리하는 아름다운 가정의 이야기입니다.

⚘ 하루의 시작과 마무리를 암송으로

오늘 저녁에도 아이들과 남편과 함께 암송가정예배를 드렸다. 〈엄마와 함께 암송한 하나님 말씀을〉을 부르고 난 후 다같이 신명기부터 외웠다. 현욱이가 시편 100편과 마태복음 5장을 외우기 시작했다. 아리는 조금 더 진도가 빠르다. 두 아이가 암송훈련을 잘 따라와주고, 매일 가정예배를 즐겁게 드릴 수 있음에 너무 감사하다.

남편과 나는 서른이 넘어서 예수님을 만났고, 양쪽 가정이 다 안 믿는 집안이다. 그래서인지 가정예배가 부담스러웠고, 성경책을 펼쳐 읽다보면,

아이들의 분위기가 산만해지고 나의 언성이 높아지곤 했다.

그런데 말씀암송으로 예배를 드리다보니 아이들이 집중도 잘하고, 때론 한 구절씩 릴레이로 게임을 하듯이 암송하므로 즐겁게 예배를 드리게 되었다. 마지막에 기도할 때에는 아리가 말씀을 인용하여 기도하는 모습에 은혜를 받았다. 현욱이의 "가정예배 드리게 해주셔서 감사합니다"란 짧은 기도에 눈물이 핑 돌기도 한다. 남편도 편하게 같이 가정예배를 드리게 인도해주셔서 감사하다. 하루를 말씀암송으로 시작하고 암송가정예배로 마무리하게 해주신 하나님께 감사드린다.

✛ 삼일교회 신길영 집사님(부군: 남준성 집사)은 아리(11살)와 현욱(8살)이의 엄마로서 27기 유니게과정 1단계를 수료하였습니다.

말씀암송과 가정예배를 통해 순수한 말씀의 맛을 알아가는 이혜경 집사님 가정의 이야기입니다.

ᐨᐟ 꿈송 맘송을 부르자

오늘 아침도 1단계 암송을 하며 일어날 때 고린도전서 13장, 로마서 3장 23,24절, 갈라디아서 2장 20절을 통해 내가 어떻게 사랑해야 하는지를 구체적으로 들으며 일어났다. 암송한 말씀들이 살아서 움직이는 체험을 할 때마다 하나님께서 허락하신 암송학교와의 만남에 깊이 감사드린다.

점점 영육의 불필요한 조미료들을 빼가며 살아가는 요즈음, 그 맛이 그리워 실수로 가끔 먹기도 하지만 이내 꿀맛이 아닌 걸 알고는 얼른 돌아설 수밖에 없다. 이제는 조금씩 말씀에도 음식에도 화학조미료 없는 맛을 즐기는 우리 가족을 보며, 하나님께 감사드린다.

TV를 치우면 말씀을 암송하고 위인전기를 읽을 수 있고, 엄마의 잔소리를 치우면 아이 스스로 계획표를 짤 수 있고, 아빠의 무관심을 버리면 아름다운 대화의 꽃이 피고, 흩어져 있는 마음을 조금만 모으면 암송예배가 된다는 사실을 알게 되었다. 이러한 일들이 이루어질 때 놀라운 하나님의 축복이 임한다는 것을 많은 가정들이 알기를 간절히 원하며 오늘도 그 비전을 위하여 모범적으로 살라는 하나님의 음성을 듣는다.

어제는 남편이 청주에서 강의를 마치고 늦게 왔지만, 리나가 암송예배 순서를 노트에 적어놓고 아빠를 기다려 짧은 시간이지만 예배를 드렸다. 리나가 〈303비전꿈나무송〉을 '꿈송'이라 하고, '유니게송' 곧 〈엄마와 함께 암송한 하나님 말씀을〉을 '맘송'이라 불러서 어느새 그 말이 익숙해졌다. 아빠가 "예배드리자" 하면 자동으로 리나의 사회에 따라 아빠가 기도를 하고, 기도가 끝나면 누가 시키지 않아도 다같이 꿈송과 맘송을 순서대로 부르는 습관이 생겼다.

사탄에게 틈을 주지 않을 수 있는 방법은 이 길 밖에 없음을 오늘 아침에도 암송하며 나누며 다시 확인했다.

✚ 온누리교회 이혜경 집사님은 28기 유니게과정 2단계와 29기 1단계를 수료하고, 남편 조익현 집사님과 두 딸 예나,리나(제4기 303비전꿈나무 으뜸모범생)와 함께 매일 말씀암송가정예배를 드리며, 수원의 '꿈을 키우는 집' 어린이들을 매주 출장 지도하여 2009년 5월 현재까지 8명의 303꿈나무모범생을 배출시켰습니다.

부모의 칭찬과 격려로 아이들은 쑥쑥 자라납니다. 다음은 사랑이 넘치는 암송예배를 통해 아이와 엄마가 행복해진 가정의 이야기입니다.

-✦ 엄마가 변했어요

아이들과 암송예배를 드리고 나니 큰 딸이 하는 말.

"엄마! 엄마가 변했어요. 암송학교 하기 전에는 말씀 잘 못 외우면 혼내고 화내셔서 암송하는 시간이 두렵고 무서웠는데 지금은 즐겁고 재미있어요. 혼내지도 않아서 정말 좋아요."

사실 그랬다. 유니게과정을 하기 전에는 완벽하게 외우는 것에 초점을 맞췄기 때문에 지적을 많이 했는데 암송학교를 통해서 즐겁게 해야 한다는 말씀을 듣고 칭찬과 격려를 끊임없이 하면서 즐겁게 암송예배를 진행했다. 그랬더니 큰 아이가 변화를 실감한 것이다. 새삼 수아에게 미안하다. 방법을 몰라 좌충우돌하면서 아이의 마음을 많이 다치게 한 것 같다. 암송학교의 필요성을 다시 한 번 절감한다. 어린 시절 즐겁게 암송한 말씀이 수아, 수지에게 영원한 보배가 되어 말씀으로 가득한 삶이 되길 바란다.

✦ 화성교회 김영희 사모님은 유니게과정 36기 1단계를 수료하고, 화성교회 부목사로 섬기시는 김용배 목사님과 김수아(9살), 김수지(28개월) 두 딸과 함께 날마다 암송가정예배를 드리고 있습니다.

실전 말씀암송 가정예배

준비사항

· 자녀들로 하여금 얼굴과 손발을 씻고, 깨끗한 잠옷으로 갈아입게 합니다.

· 자녀들 각자의 《303비전꿈나무 성경암송노트》를 가지고 정해진 자리에 앉게 합니다.

· 하나님 앞에 예배드린다는 경건한 자세로 바른 자세를 취하도록 훈련합니다.

· 형제자매 사이에 장난치거나 다투는 일이 없도록 하되, 딱딱하지 않은 분위기가 되도록 합니다.

· 영유아기의 자녀라면 보다 융통성 있게 할 수 있습니다.

유의사항

· 자녀중심 예배이므로 사회는 5살 이상의 자녀가 맡되 자녀가 둘 이상의 경우에는 돌아가며 맡도록 합니다.

· 자녀의 위계질서를 엄격히 세워서 동생은 형이나 언니에게 존댓말을 쓰고 순종하도록 훈련해야 합니다. 형이나 언니는 동생을 사랑하여 스스로 양보하는 미덕을 발휘하도록 훈련해야 합니다.

· 부모는 관찰자가 되어 예배를 드리는 동안 자녀들이 마음껏 창의성을 발휘하도록 합니다. 아이의 진행에 비록 부족한 점이 보이더라도 나무라거나 잘못을 지적하기보다, 칭찬과 격려를 하면서 '이렇게 하면 더 좋겠다'

는 식으로 지혜를 일깨워줍니다.

- 예배 중에 자녀들이 장난치거나 다투는 경우, 묵묵히 지켜보고 있다가 예배를 마친 후에 각자가 스스로 깨닫고 회개하도록 지혜롭게 교육해야 합니다.

- 예배 중에 자녀의 질문이 있을 경우에는 엄마의 생각을 바로 알려주기보다, 먼저 그 질문이 좋은 질문이었음을 칭찬한 후 스스로 답을 생각해내도록 자연스럽게 유도합니다. 엄마도 잘 모르는 문제라면. 솔직하게 "엄마도 잘 모르겠다. 목사님께 물어서 알려줄게"라고 말해주고, 일단 약속한 것은 빠른 시일 안에 반드시 지켜야 합니다.

- 부모는 자녀가 둘 이상일 경우, 편애로 자녀에게 상처를 주기 쉽고, 어린 자녀들 사이에는 경쟁의식이 생기게 마련입니다. 부모는 말 한 마디, 표정 하나까지도 자녀의 마음에 상처가 되지 않도록 해야 합니다.

- 어떤 문제를 놓고 대화를 나누다가 형제자매들이 서로 자신의 생각이 맞다고 우기거나, 남의 의견을 무시하면서 흉을 보아서는 절대 안 된다는 것을 강조합니다. 남의 의견을 존중하면서 오직 자신의 생각을 조리 있게 말하는 훈련을 시켜야 합니다. 이를테면, "오빠의 의견은 잘 들었는데, 나의 생각은 조금 달라요" 하면서 감정적인 반대가 아니라, 자신의 의견을 발표하는 훈련을 시킵니다.

- 토요일에 아빠가 동참할 경우 사회는 엄마가 맡고, 설교는 아빠가 함으로써 가장의 위상을 세워가는 것도 바람직합니다.

- 온 가족이 함께 여행을 한다든지 자가용 안에서 저녁 시간을 함께 가질

경우에는 차 안에서 다 함께 찬송하고, 암송하고 기도하는 즐거운 예배를
드림으로써 날마다 예배를 드리도록 합니다.

예배 순서

1. 〈303비전꿈나무송*〉과 〈엄마와 함께한 하나님 말씀을*〉을 힘차고 빠른
   템포로 신나게 부릅니다. 자녀들이 교회학교에서 배운 찬송도 원하면 함
   께 부릅니다.

2. 인도자가 개회 기도문을 읽거나 스스로 할 수도 있습니다.

3. 다 같이 암송합니다. 암송 분량이 100절을 넘으면, 이틀에 걸쳐서 암송합니
   다. 미처 암송하지 못한 사람은 해당 구절을 읽어도 됩니다.

4. 오늘 암송한 말씀의 뜻이나 느낀 점을 나누도록 합니다.

5. 서로를 위하여 기도하는 순서를 갖습니다. 자녀는 부모를 위하여, 형제를
   위하여, 이웃을 위하여, 교회와 나라를 위하여 기도를 드리도록 합니다.

6. 마무리로 부모님이 자녀를 위하여 축복기도*를 드립니다. 성경말씀을 인
   용하여 기도하되, '너' 대신 자녀의 이름을 넣어서 기도하면 더욱 좋습
   니다. 나는 민수기 6장 24-26절, 창세기 12장 2,3절, 신명기 28장 1절, 2-6
   절을 자주 사용했습니다.

   * 민수기 6장 24-26절을 이용한 축복기도

   여호와는 (아이 이름)에게 복을 주시고 _____를 지키시기를 원하며

   여호와는 그의 얼굴을 _____ 에게 비추사 은혜 베푸시기를 원하며

   여호와는 그 얼굴을 _____에게로 향하여 드사 평강 주시기를 원하노라

*엄마와 함께 암송한 하나님 말씀을
(303비전성경암송학교 주제가, 유니게송)

1절   엄마와 함께암송한 하나님 말씀을
        내평생 묵상하면서 내양식 삼으니
        나의모든 삶이 말씀으로 찼네
        복되고도 즐겁도다 묵상의 삶이여
        어린시절 외운말씀 영원한 보배라

2절   어릴때 즐겨암송한 진리의 말씀이
        어려울 때나슬플때 참된위로 주시고
        주의선하신 뜻을 밝히 보이시네
        복되고도 즐겁도다 묵상의 삶이여
        어린시절 외운말씀 영원한 보배라

3절   힘써서 외운이말씀 생명의 말씀이
        믿는자 마음속에서 역사하시도다
        신비한능력의 말씀 내생명 깨워주시네
        복되고도 즐겁도다 묵상의 삶이여
        어린시절 외운말씀 영원한 보배라

작사 : 여운학, 1999. / 작곡 : P. P. 블리스, 1874.
개역개정판 찬송가 205장, 개역한글판 찬송가 235장 〈달고 오묘한 그 말씀〉 곡

*303비전꿈나무송 (303비전꿈나무 주제가)

1절   말씀으로 천지만물 아름답게 지으신
       하나님의 크신사랑 보답할길 없어라
       영의양식 말씀먹고 지혜롭게 자라자
       새시대를 열어갈 삼공삼비전 꿈나무

2절   말씀암송 천하무적 전신갑주 입고서
       성령의검 믿음방패 승리하며 살리라
       정직하고 성실하게 말씀대로 살리라
       하나님의 아들딸 삼공삼비전 꿈나무

3절   말씀암송 우선순위 우리삶의 푯대라
       말씀묵상 적용실천 우리세대 몫이라
       말씀으로 승리하는 새시대의 사명자
       예수님의 참제자 삼공삼비전 꿈나무

4절   말씀암송 찬송기도 우리가정 예배로
       사랑하는 부모형제 천국가정 이루리
       오늘내일 빠짐없는 즐거움의 한시간
       씩씩하게 자라갈 삼공삼비전 꿈나무

5절   성경암송 가르치는 우리교회 학교라
       선생님의 모범따라 암송교육 익혀서
       우리모두 하나같이 암송모범생이라
       의의나라 세워갈 삼공삼비전 꿈나무

작사 : 여운학, 2007. 5. 10. / 작곡 : 베토벤, 1824.
개역개정판 찬송가 64장 개역한글판 찬송가 13장, 〈기뻐하며 경배하세〉 곡

9장

암송가정예배의
능력

자녀를 키우다 보면, 방학 동안 부쩍 키가 자라는 것을 발견합니다. 왜 그럴까요? 방학 동안에는 아이들이 긴장을 풀고, 실컷 잠을 잘 수 있기에 성장세포가 활발해져 평소보다 더 잘 자랍니다. 또 갓난아기들은 감기 몸살이나 여러 가지 이유로 앓고 나면, 좀 야윈 것 같다가 금시 회복되면서 쑥쑥 자라는 것을 봅니다. 왜 그럴까요? 아이들이 몸에 열이 나거나 어디가 아파서 누우면, 엄마 아빠의 관심이 집중되고, 부모의 말 한마디도 온화해지는 것을 아이들은 민감하게 알아차려서 몸은 비록 고통스러울지라도 마음은 평안을 얻게 되거든요.

어른이나 아이나 영적, 정신적으로 평안함을 느끼며 휴식을 취하면, 몸의 세포조직이 활동을 활발하게 하여 건강하게 되는 것을 경험합니다. 특히 믿는 사람은 말씀을 즐거운 마음으로 암송하고 묵상하노라면, 마음에 평화와 기쁨이 일어서 몸의 컨디션이 좋아지게 마련입니다.

마음의 즐거움은 양약이라도
심령의 근심은 뼈를 마르게 하느니라 잠 17:22

엄마의 사랑, 기도, 지혜, 모범으로 함께 말씀을 암송하면서 날마다 즐거운 암송가정예배를 드리노라면, 자녀의 기가 살아나고, 믿음이 돈독하여질 뿐 아니라, 어른과 아이 모두 영적으로나 육적으로나 건강해집니다. 그야말로 온 가족이 참행복을 누리는 천국가정을 이루게 됩니다. 아직도 많은 엄마들이 이 비밀을 외면하고 있음이 얼마나 안타까운지요. 그 비밀을 발견한 엄마들의 행복한 일기를 옮겨왔습니다.

예수님을 영접한 아이

28기 유니게과정 2단계와 29기 1단계를 마친 영락교회 권현숙 집사님의 딸 채은이의 이야기입니다. 채은이는 6살에 303비전꿈나무 모범생이 되었는데, 지금도 날마다 암송예배를 지속하고 있는 중입니다. 7살이 된 채은이는 요한복음 15장 9절까지 암송한 상태이며, 5살인 동생 성혁이는 고린도전서 13장을 계속 암송하고 있는 중입니다. 다음은 요한복음 1장과 15장을 암송하면서 채은이가 예수님을 더욱 사랑하게 된 이야기입니다.

🦋 예수님, 어서 오세요

채은이가 요한복음 1장을 암송할 때의 일이다. "자기 땅에 오매 자기 백성이 영접하지 아니하였으나 영접하는 자 곧 그 이름을 믿는 자들에게는 하나님의 자녀가 되는 권세를 주셨으니"(요 1:11,12) 하는 대목에서 "엄마, 사람들이 예수님을 영접하지 않고 돌로 치고 쫓아내고 했지요? 엄마, 저는 예수님이 오시면 '어서 오세요' 하고 제 집으로 모실 거예요. 그리고 제 마음에 들어오시라고 할 거예요. 사람들이 저를 돌로 치고 때려도 예수님을 믿을 거예요"라고 했다. 채은이는 요한복음 1장 12절 말씀을 암송하면서 주님을 인격적으로 모셔들이는 영접기도를 했다.

요한복음 15장 7절 말씀 "너희가 내 안에 거하고 내 말이 너희 안에 거하면 무엇이든지 원하는 대로 구하라 그리하면 이루리라"를 암송할 때, 채은이 마음에 주님의 말씀이 가득하고 채은이가 그 안에 거하면 기도하는 대로 들어주신다고 했더니, "엄마, 저는 소원이 아주 많아요. 먼저 전 북한이나 아프리카로 가서 불쌍한 그 사람들 도와줄 거예요. 그 사람들에게 먹을 거랑 돈이랑 많이 줄 거예요. 그리고 그 사람들에게 예수님 믿으라고 전도할 거예요"라고 했다. 마음속 깊이 감사가 밀려왔다.

내가 아이들에게 할 일은 눈물을 흘리며 씨를 뿌리는 마음으로 말씀을 부지런히 먹여서 세상 가치관이 아이를 흔들어 놓으려 할 때 무너지지 않도록 하나님의 용사로, 하나님의 일꾼으로 튼튼히 무장시키는 일이라고 믿는다.

❀ 암송이 정말 재미있어요

암송예배를 지속적으로 드리면서 하나님께서 말씀 가운데 주님의 생각들을 아이에게 주고 계심을 보게 된다. 채은이가 나에게 하는 말들을 보면 알 수 있다.

"엄마, 저는 암송하는 것이 좋아요. 매일매일 할 거예요. 정말 재밌어요."

"엄마, 저는 말씀을 제일 많이 (암송)하는 사람이 될 거예요. 그러면, 하나님이랑 예수님이 제일 기뻐하시죠?"

"엄마, 저는 성경말씀을 일만 구백 이천 사백 팔십 개나 (암송)할 거예요. 이렇게 많이많이 하고 싶어요." (자기가 가장 크다고 생각하는 숫자를 상상해서 이렇게 말하곤 한다.)

"엄마, 나 매일매일 교회 가고 싶어요. 매일 찬양도 부르고 주님 만나고 싶어요."

"엄마, 유치원에 승규랑, 희서랑, 민선이랑, 예수님 안 믿는대요. 예수님 믿으라고 전도할 거예요. 예수님 믿어야 천국 가잖아요?"

정말 놀랍다. 암송예배를 드리기 시작하면서 성령께서 주님의 생각들과 기쁨을 아이의 내면에 부어주고 계신 것이다. 암송을 하면서 채은이의 마음은 하나님으로 꽉 찼다. 말씀이 아이에게 얼마나 큰 능력이 되시는지 새삼 깨닫게 된다. 암송학교를 통해 암송예배를 자녀와 함께 지속적으로 드리게 하신 하나님께 감사와 찬양을 드린다.

자녀의 입에서 나오는 말씀의 위력

예수님의 제자들은 어린이가 예수님께로 가까이 오는 것을 막으려 하였으나 예수님은 도리어 이 아이와 같지 아니하면 천국에 들어갈 수 없다고까지 말씀하셨습니다.(마 19:13,14) 엄마를 통해 배운 하나님의 말씀을 백퍼센트 받아들인 자녀의 예수님 사랑을 보고 도리어 엄마가 마음의 찔림을 받기도 하고, 하나님의 말씀으로 어른이 아이에게 위로와 격려를 받기도 합니다. 여기에 초등학교 2학년인 남기찬 군의 엄마 조윤혜 집사님의 암송일기를 옮겨왔습니다.

-✦ 암송과 함께 하는 성령님

지난해 10월에 기찬이는 부산노회 성경고사대회에 교회대표로 참가했다. 1,2학년으로 구성된 초등1부에서 기찬이가 '대상'을 받아 전국대회에 출전했다. 1년 공과를 중심으로 50문항 정도 되는데 48과나 되는 공과의 요절을 모두 암송했다. 요절이 중심이라 힘들었지만 잘해주었다. 기찬이는 암송했던 구절을 아직도 잊어버리지 않고 실생활에서 적용시키는 기특함을 보여주었다.

오늘은 장로님께서 아프신 권사님을 모시고 기찬이 아빠에게 오십견 치료를 받으러 오셨다. 치료를 마치고 차를 마시는 중에 기찬이가 불쑥 말을 했다.

"장로님, 저 장로님께 들려드리고 싶은 성경말씀이 있는데… 암송 한번 해볼게요."

갑작스러운 아이의 행동에 나는 적지 않게 당황했다.

"아무것도 염려하지 말고 다만 모든 일에 기도와 간구로 너희 구할 것을 감사함으로 하나님께 아뢰라 빌립보서 4장 6절 말씀 아멘."

장로님과 권사님이 귀 기울여 듣고 계시는 것을 보면서 기찬이는 신이 났던지 이어서 또 암송한다.

"너는 내게 부르짖으라 내가 네게 응답하겠고 네가 알지 못하는 크고 은밀한 일을 네게 보이리라 예레미야서 33장 3절 말씀 아멘."

우리 부부는 너무 놀랐다. 장로님도 눈이 휘둥그레지시고 권사님은 눈물을 흘리신다. 사업의 고전으로 인해 좀 힘든 중에 계시는데 너무도 적절한 말씀이라고 하셨다. 우리는 모두 아멘으로 화답하고 하나님께 감사드렸다. 암송할 때 무작정, 엄마의 강권에 의해 하지만 그 말씀이 아이의 심령에 살아서 움직이는 건 성령님이 하시지 않고는 불가능함을 느낀다.

아이들의 말씀암송은 위로와 힘이 필요한 이웃뿐 아니라 지쳐 있는 부모에게 새로운 힘을 주기도 합니다. 다음은 《성경 먹이는 엄마》의 저자이자 303비전꿈나무 장학생 강진석 군과 강은석 군의 어머니 최에스더 사모님의 글입니다.

아들의 암송은 엄마의 피로회복제이며 신경안정제

밤새도록 두 시간마다 한 번씩 일어나 떠지지도 않는 눈을 힘주어 부릅뜨고 분유를 타고 잘 흔들어서 아기를 안습니다. 작게 태어나서 아직 힘차게 빨지 못하는 막내딸(넷째 은수)은 무지하게 천천히 분유를 먹습니다.

동이 틀 무렵 밤 사이의 마지막 수유를 끝내고 잠자리에 푹 쓰러지면서 '자면 안 되는데…' 하지만 순식간에 곯아떨어지고 말죠.

저 멀리서 아이들이 하나 둘 셋… 순서대로 혹은 순서와 상관없이 일어나는 소리가 들립니다. 재잘재잘 조잘조잘 아침을 깨우는 소리. 억지로 일어나보지만 거실 소파에서 다시 쓰러집니다.

"엄마 어쩌고저쩌고… 엄마 또 어쩌고저쩌고…."

점점 더 아득해지는 아이들 소리. 저희들끼리 우유와 씨리얼, 빵과 잼, 과일과 요구르트를 꺼내고 기도하는 소리도 들리고, 끊임없는 얘기를 하며 먹는 소리, 냠냠쩝쩝….

"큐티하러 가자" 잠시 조용하다가, "진수야 그러면 안 돼. … 엄마, 암송할게요. 중얼중얼…" 하는 동안, '아이들 아침식사도 못 챙겨주는구나. 암송도 못 봐주는구나. 은석이는 본격적으로 공부를 봐줘야하는데 홈스쿨은 이렇게 무너지는구나'

이런 자책만 계속해서 저의 피곤한 뇌를 깨우곤 했습니다.

이렇게 지내던 어느 날, 큐티를 끝낸 진석이가 와서 혼수상태인 제 얼굴을 보며 "엄마, 그렇게 피곤하세요?" 하더니 제 앞에 앉아서 암송을 했습니다. 나의 이 모든 '절단남'과는 상관없이 계속되고 있는 아들의 말씀암송 소리를 듣고 있으니 내 마음 깊은 곳에서 하나님의 손길이 느껴져 왔습니다. 늦은 나이에 갓난아기를 돌보느라 힘에 부치고 나머지 식구들은 희생을 하고, 그 희생을 보자니 참 괴롭기만 했는데 하나님께서는 그럴 것 없다고 하시며, 괜찮다고, 점점 더 좋아질 거라고, 자신을 그렇게 괴롭히지 말라고 조용히 위로해주셨습니다.

진석이의 암송은 이렇게 생각지도 못한 순간에 나에게 치료가 되고 위로가 되고 힘이 되었습니다. 그 말씀 안에서 분명히 살아계셨던 하나님께서 저의 무너지고 병든 몸과 맘을 만져주셨습니다. 그날 이후로 암송만은 엄마 앞에서 해달라고 했습니다. 진석이와 은석이의 암송 덕분에 지금 한 고비를 넘기고 정상으로 거의 돌아와 있습니다. 암송시키길 참 잘했다고 뼈저리게 느꼈던 순간이었습니다.

하나님의 말씀이 어린이의 뇌리에 입력이 되면 영적 파워가 생겨서 순종훈련과 경건훈련을 잘 받아들일 뿐만 아니라, 엄마와 교회 어른들의 칭찬과 격려에 힘입어 말씀암송에 놀라운 열심을 발휘하게 됩니다. 그 예로 5살 재환이 이야기를 그 엄마의 일기에서 옮겨왔습니다. 엄마들에게 많은 것을 생각하게 할 줄 믿습니다.

🦋 혼자서 조용히 암송하는 아이

수요예배를 드리고 와서, 씻고 기도한 다음 잠자리에 누웠는데 재환이가 "엄마, 암송해주세요" 한다. 오후에 암송예배도 이미 드렸고, 수요예배도 드리고 온지라, "재환아, 오늘은 엄마가 피곤하고 시간도 늦었으니 그냥 자자" 하고 잠자리에 누웠는데, 옆에서 모기 소리 같은 작은 소리가 계속 들렸다.

고개를 돌려보니 재환이가 혼자 시편 1편, 고린도전서 13장, 신명기 6장 4-9절을 조용히 암송하고 있는 게 아닌가! 순간 마음이 뭉클해서 재환이를 덥석 안아주었다. 엄마가 시키지 않아도 혼자서 암송하는 모습이 너무 사랑스러웠다. 하나님께서도 재환이의 이런 모습을 보시고 무척 기뻐하셨으리라.

"재환아, 엄마랑 같이 할까?"

엄마와 함께 시편 23편, 100편, 121편을 암송하니까 신이 나서 큰 소리로 암송하는 아들을 보며 암송훈련의 유익을 다시금 깨닫는다. 나는 가끔 잠이 오지 않을 때 말씀을 혼자서 암송하는데 5살인 재환이가 벌써 이 은혜를 깨닫다니 놀랍기만 하다.

암송을 마치면서 "재환아, 신명기 6장 말씀처럼 누워서도 하나님의 말씀을 암송한 재환이를 하나님께서 무척 기뻐하실 거야"라고 말해주자 재환이는 행복한 미소를 머금고 꿈나라로 향했다. 어린 자녀를 통해 베푸시는 하나님의 은혜가 어찌 그리 크신지요!

✚ 재환이는 4기 303비전 장학생 이인희 목사님의 맏아들로서, 엄마 송혜련 사모님이 나의 말씀암송태교 권면에 순종하여 태어나게 된 신인류입니다. 재환이는 어려서부터 엄마의 말씀암송 소리를 들으며 자랐으며, 지금은 제4기 303비전꿈나무 으뜸 모범생이 되었습니다.

변화된 자녀의 일상생활

내가 바둑을 좋아하여 취미로 두기 시작한지 40년이 지났습니다. 그럼에도 정식으로 배우지 못하였기에 동네바둑 5급 실력에 머물러 있습니다. TV를 보면, 초등학생이 평생을 둔 9단 프로들을 예사로 이깁니다. 그 아이는 정식으로 바둑수업을 받은 것입니다. 어찌 바둑뿐이겠습니까? 정식으로 말씀암송훈련을 받은 어린이와 대화해보면, 깜짝깜짝 놀랄 말을 예사롭게 토해내는 것을 봅니다. 어른도 미처 생각하지 못할 격에 맞는 말씀을 자연스럽게 말합니다. 요한복음 14장 26절 말씀과 데살로니가전서 2장 13절 하반절 말씀처럼 보혜사 성령님의 역사이자 아이 안에 살아계신 말씀의 역사입니다.

이 말씀이 또한 너희 믿는 자 가운데에서 역사하느니라 살전 2:13

어린 자녀에게 백 마디 훈계를 하는 것보다 함께 암송했던 말씀을 던져주기만 해도 자녀는 성령의 감동으로 그 말씀을 받아들이게 됩니다. 그로 말미암아 말이 달라지고 하던 놀이도 달라집니다.

✦ 성령충만한 남매의 놀이 현장

하루는 아침에 일어나자마자 재환이가 동생 찬미를 깨운다.

"찬미야, 난 호랑이야. 넌 토끼 해. 찬미야, 어서 와. 노아의 방주에 들어가야 해."

재환이는 잠이 덜 깬 찬미를 데리고 식탁 밑으로 들어가며 말한다.

"찬미야, 노아의 방주에 들어가야 살 수 있어."

재환이와 찬미가 집에서 하는 놀이다. 말씀이 아이들 마음에 새겨지니까 놀이부터 바뀌는 것 같다. 며칠 전에는 둘이서 이렇게 노는 걸 보았다.

"자, 이제 암송합시다. 찬미, 시편 1편 암송하세요."

그러자 동생이 시편 1편을 암송한다.

"네, 참 잘했어요. 스티커 줄게요. 붙이세요."

그 후에 암송예배를 드리고 나서 "엄마, 나 하나님께 노래하고 싶어요" 하더니 "하나님을 사랑해요. 가난한 사람들에게 사랑을 나눠줘요. 하나님을 섬겨야 해요"라며 노래를 지어 부르는 게 아닌가! 물론 박자 무시, 음정 무시였지만, 아이의 심령에 하나님을 섬겨야 하며, 하나님을 사랑해야 함이 심겨져 있는 것이 감사하다. 너무 기특하고 감사해서 휴대폰에 녹음해 두었다. 아이를 통해 깨닫게 하시고 은혜 베푸시는 하나님께 감사 감사!

7살에 성경 240절을 암송하는 세령이와 100절을 암송하는 36개월 세호 남매의 놀이 현장을 본 엄마 이경은 집사님의 일기입니다.

✈ 하나님의 은혜야

세령이와 세호는 둘이서 참 잘 논다. 집에 장난감이 별로 없는지라 책을 읽을 때도 있고, 놀이를 하기도 한다. 그런데 놀이를 아주 특이하게 한다. 최근 한 달간 새로운 놀이를 시작했는데, 옆에서 가만히 들어보면 이런 내용이다.

"하나님 믿어야 천국 가요."

"이런 하나님을 모르는 나쁜 사람들… 그러면 지옥 간단 말이야."

"나쁜 사탄아, 싸우자."

"여긴 지옥이야. 하나님을 모르는 사람들은 지옥에 가는 거야."

"아, 살려주세요, 너무 힘들어요."

아이들이 노는 모습을 보면 '저렇게도 놀 수 있구나' 하는 생각이 든다.

며칠 전에는 세령이가 가족들을 그리고 있는데 세호가 다가갔다.

"누나 뭐 그려?"

"엄마 그려."

"와, 누나 정말 잘 그린다."

"응, 하나님의 은혜야."

모든 영광을 하나님께 돌리는 아이로 키워야 함을 다시 다짐했다.

✚ 분당우리교회 이경은 집사님(부군:이상준 집사)은 21기 1,2단계를 수료하고 세령이(10살), 세호(6살)를 말씀으로 매일 양육하고 있습니다.

말씀암송으로 늘 말씀과 동행하는 아이들은 작은 일에도 하나님께 감사와 영광을 올려드리는 것을 봅니다.

❀ 하나님한테 너무 감사해요

4살 하진이는 시편 8장, 고린도전서 13장, 7살 하경이는 시편 8장, 고린도전서 13장, 신명기 6장 4-9절, 로마서 3장 23,24절까지 진도가 나갔다. 이런 과정 중에 드디어 너무 행복한 일이 일어났다!

며칠 전, 하경이가 기쁜 얼굴로 말했다.

"엄마, 나 너무 감사한 일이 있어요."

"그게 뭔데?"

"엄마, 로마서 3장 24절 말씀에 하나님이 나를 의롭다 하셨데요. 그래서 하나님한테 너무 감사해요!"

나는 너무 감격하여 박수를 치며 환호성을 질렀다.

"와! 우리 하경이 최고로구나!"

과연 말씀에 능력이 있고, 살아있음을 절실히 깨달았고, 이젠 암송예배에 자신감까지 생겼다. 그리고 내 평생 이 예배가 계속될 것을 다짐해본다.

하나님 감사합니다. 하나님 만세!

✛ 이하경(9살), 이하진(6살) 양의 엄마 삼일교회 장현희 집사님(부군:이순섭 집사)은 유니게 1,2단계를 수료하였습니다.

이번에는 8살 가은이의 예수님을 만난 꿈 이야기를 옮겨봅니다.

⚘ 행복한 꿈

"내가 꿈속에서 책을 읽고 있었는데 뭔가가 하늘에서 내려왔다. 그래서 봤더니 예수님과 천사였다. 반가워서 '예수님' 하고 내가 큰 소리로 불렀다. 예수님도 '가은아' 하고 내 이름을 부르셨다. 기분이 좋았다. 예수님도 '기분이 좋구나' 라고 말씀하셨다.

내가 예수님께 편지를 드렸다. 예수님도 나에게 편지를 주셨다. 우리 집 주소를 알려드렸다.

예수님이랑 같이 집으로 왔다. 예수님께 우리 집을 소개했다. 예수님이 happy 하셨다. 그래서 엄마, 나, 동생, 아빠, 예수님, 하나님, 천사랑 같이 사진을 찍었다. 내가 예수님께 선물을 드렸다. 예수님도 나에게 선물을 주셨다. 예수님을 꼭 안았다. 예수님이 happy 하셨다. 그래서 예수님께서 우리 집 마당을 둘러보셨다. 예수님이 아름답다고 말씀해 주셨다. 나는 기뻤다.

예수님과 천사랑 작별 인사를 했다. 내가 예수님이 올라가시기 전에 꽃을 선물로 드렸다. 예수님께서 하늘로 올라가셨다.

나는 기도를 열심히 했다. 예수님이 별 하나를 나에게 달아주셨다. 우리 집에서 기르고 있는 햄스터 4마리까지 나왔다. 나무들이 신이 나서 노래를 불렀다. 랄랄라~~."

가은이는 자주 꿈 얘기를 하는 편이다. 예수님 꿈을 꿨다기에 이야기를 들어 보고 일기에 써보면 어떨까 권했더니 신나게 쓴다. 여러 번 꾸었는지 세 가지 이야기가 섞인 듯하다. 처음 들었을 때는 눈물까지 나왔다. 꿈이라고 하기에는, 지어낸 이야기라 하기에는, 너무 생생해서 엄마인 나도 가은이가 부러웠다.

✚ 가은이는 20기 유니게과정 1단계를 수료한 우림교회 황진복 집사님(부군:문상준 집사)의 장녀로 제1기 303비전꿈나무 장학생입니다.

내가 어렸을 때 들은 재미있는 이야기가 있습니다. 70살 아들이 90살

아버지를 등에 업고 시내를 건너가는데, 등에 업힌 아버지가 아들더러 "조심해라. 조심해라" 했다고 합니다. 비록 하얀 수염을 날리는 할아버지가 된 아들이지만 아버지 보시기에는 여전히 어린 아들로 보여서 조심하라고 타이르게 마련입니다. 부모님의 마음은 오늘날도 마찬가지입니다. 자식이 아무리 커도 엄마나 아빠 보기에는 어린이로만 생각되게 마련이거든요. 그리하여 자녀에게 지나친 잔소리를 하게 되지요.

그러나 실제로 요즘 아이들의 생각은 어른들보다 어떤 면에서는 더 빨리 상황을 판단하고, 기도도 더 잘하는 경우를 나는 많이 봅니다.

말씀을 먹고, 가정예배를 통해서 깨달음을 더해가는 사이에 생각이 깊어지고 남을 편하게 해주려는 마음을 품게 됩니다. 제1기 303비전꿈나무 장학생인 천승연 양이 초등학교 3학년이던 작년에 회장으로 반 아이들을 섬기면서 생긴 일을 그 엄마인 고은하 집사님의 양육일기에서 볼 수 있었습니다.

✦ 사려 깊은 아이

일기를 펼쳐놓고 잠든 승연이를 바라보다 딸의 일기를 읽게 되었다.

"오늘 1교시에 음악수업을 했다. 여자 부회장도, 남자 부회장도, 평소에 조용하고 얌전했던 아이들도 선생님의 말씀을 듣지 아니했다. 그래서 이름을 적으려고 하자, 다시 얌전해진 아이들도 있었고, 아직도 제멋대로인 아이들도 있었다. 음악 선생님이 좀 늙으셔서 그럴 수도 있지만, 선생님을 비웃지 말고, 선생님의 장점을 찾아보았으면 좋겠다. 그럼 선생님의 수업도 재미있게 들을 수 있을 텐데⋯. '친구들아! 우리 선생님의 단점을 찾지 말고, 장점을 찾아서 항상 재미있게 수업하자.'"

짧은 내용이었지만, 승연이가 말씀을 암송하면서 그 마음에 순종이 자리잡고 있는 것 같아서 기쁘다.

나이가 많은 음악 선생님을 아이들이 얕보고 떠드는 것을 보면서 회장으로서 친구들을 탓하지 않으면서 그들이 자진하여 순종하기를 바라는 모습이 너무나 갸륵합니다. 이런 사려 깊고 따뜻한 마음 또한 말씀을 암송하는 아이들의 공통된 특징 중 하나이기도 합니다.

특별히 어려서부터 성경을 암송한 어린이는 기도를 잘 드립니다. 훈련이 되었기 때문이지요. 지속적인 암송훈련을 통해 어른보다 훨씬 더 깊은 기도를 드리는 이조이 군의 이야기를 들려드리고 싶네요.

⚜ 말씀이 역사하는 예배

새벽에 일어나고 더군다나 낮잠을 잘 자지 않는 조이 형제(이 엄마는 아들에게 '형제'라는 표현을 씁니다). 그렇다보니 피곤해서 수요예배를 드리고 오는 길에 잠이 들거나 집에 도착해 암송예배를 드리더라도 다소 힘들어하고 졸려하기에 수요일엔 예배를 드리러 가기 전에 미리 암송예배를 드리기로 했다. 늘 저녁에 암송예배를 드리다 낮에 드리니 새롭기도 하고, 어색하기도 하고, 그렇게 우리의 예배는 시작되었다.

힘차게 찬양도 하고, 말씀도 선포하고, 지구본에 손을 올려 중보기도를 한 후 하나님의 성품을 찬양하는데 조이 형제가 "지극히 위대하신 하나님을 찬양합니다" 하는 게 아닌가.

평소 '장난감을 주신 하나님을 찬양합니다'라든지 '엄마 아빠 온유를 주신 하나님을 찬양합니다'라는 귀여운 제목들로 하나님을 찬양했었는데 오늘은 시편 150편 말씀으로 하나님을 찬양하는 모습을 보고 말씀이 조이 마음에 살아 역사하심에 감사와 기쁨이 넘쳤다.

그리고 조이의 기도도 남다른 하루였다.

"진리의 예수님을 믿는 아들이 되게 해주세요. 예수님의 이름으로 감사하며 기도드렸습니다. 아멘."

평소 '예수님의 아들이 되게 해주세요'라는 기도는 자주 했었지만 진리되신 예수님을 인정하는 기도는 처음이라 놀랐다. 말씀을 암송하기 전이나 큐티를 하기 전이나 성경놀이를 하기 전에 조이 형제가 꼭 하는 기도가 있다.

"성령 하나님 말씀을 잘 깨닫게 해주시고, 능력이 나타나게 해주세요~! 예수님의 이름으로 기도합니다. 아멘."

조이의 입술로 고백한 이 기도가 응답되고 있음에 감사하다. 심겨지는 말씀이 5살배기의 입술을 통해 열매가 맺어짐에 얼마나 감사한지. "어린아이와 젖먹이의 입으로 말미암아 권능을 세우심이여"(시 8:2)라는 말씀이 조이의 입술을 통해 성취되는 것 같다. 말씀의 능력 그리고 성령 하나님의 역사가 있는 예배를 드리고 있음에 감사하고 행복하다. 할렐루야!!

✤ 이조이 군(5살)은 제21기 유니게과정 1,2단계를 수료한 명성교회 백은실 집사님(부군: 이형동 집사)의 장남으로 제4기 303비전꿈나무 으뜸모범생이며 말씀암송태교로 태어난 슈퍼 신인류인 동생 온유(2살)와 엄마, 아빠와 매일 말씀암송가정예배를 드리고 있습니다.

넘치는 가족 사랑

세상 사람들은 "형제는 싸우며 자란다"라는 말을 너무나 당연하게 받아들입니다. 그러나 믿는 우리는 "형제는 사랑하며 자란다"라고 해야 하지 않을까요? 부모님이 말씀을 즐겁게 암송하며, 경건하게 살면서 자녀를 키운 가정마다 형이 동생을 끔찍이 아끼는가 하면, 동생은 형이 좋아서 모든 걸 따라합니다. 《성경 먹이는 엄마》 저자 최에스더 사모님과 강신욱 목사님의 아들 진석이와 은석이는 서로 싸우거나 티격태격하는 일조차 전혀 없이 오순도순 자라는 것을 나는 봐왔습니다.

또한 《말씀 심는 엄마》의 저자 백은실 집사님과 이형동 집사님의 아들 조이와 온유는 참으로 감탄할 만큼 형제사랑이 돈독합니다. 조이가 16개월 때 엄마가 유니게과정 1단계에 등록하면서 온유를 잉태하게 되었는데, 엄마가 온전한 말씀암송태교를 하면서, 어린 조이와 이런 대화를 나누었답니다.

"조이야, 지금 엄마 배 속에 조이의 예쁜 동생 온유가 자라고 있단다. 이제 온유가 태어나면, 조이는 형아가 된단다. 조이는 동생을 많이많이 사랑하는 멋진 형아가 될 거야."

"네, 조이는 온유를 많이많이 사랑할 거예요."

조이는 날마다 말씀암송훈련을 하면서 말씀암송가정예배를 드렸습니다. 어느 날 온유가 만지지 못하게 한 것을 눈치를 보며 계속 만지려 들자, 엄마가 정색을 하면서 순종훈련을 시킬 목적으로 "안 돼!" 하면서 온유의 손등을 살짝 때리자, 조이가 어디선가 쏜살같이 달려와서 동생을 제 몸으로 감싸 안으며, "엄마, 온유 때리지 마세요. 온유가 어려서 몰라서 그런 거니까 용서해주세요"라고 말하더랍니다. 이처럼 조이는 동생 온유를 무조건 감싸주고 사랑한답니다.

말씀이 가슴에 새겨진 아이들은 형제사랑뿐 아니라 부모님을 향한 사랑도 각별해집니다. 여기에 5살 아이가 말씀암송훈련을 잘해서 칭찬은 많아지고 야단치는 일은 부쩍 줄어들고 있는 젊은 엄마의 일기를 소개합니다.

🦋 난 사랑에 빠졌어요

소파에 앉아 있는데 일한이가 와락 달려들면서 "구원해주세요!" 합니다. 나는 깜짝 놀라서 "왜 그러니?" 하고 물었습니다. 일한이가 말합니다.

"사랑에 빠졌어요! 아주 깊은 사랑에 빠지고 말았어요."

"누굴 사랑하는데?"라고 내가 묻자, "엄마를 사랑해요!"라고 반짝이는 눈에 예쁜 미소를 머금고 말합니다. 정신을 가다듬고, "일한아, 하나님을 가장 사랑해야하는 거야"라고 가르쳐야 마땅하건만, 너무 황홀해서 순간 그 말을 해주지 못하고 말았습니다.

✚ 일한이는 29기 1,2단계를 수료한 광성교회 김윤희 사모님(부군:유청 전도사님)의 맏아들로서, 제2기 303비전꿈나무 장학생이 되었습니다.

암송예배를 통해 부모와 자녀가 자연스럽게 대화하는 분위기가 조성되면서 평소 자녀와 하기 힘든 깊은 이야기를 나누기도 합니다. 이 과정을 통해 성경적인 가치관을 심어주는 계기가 되기도 합니다.

엄마, 언제 제일 행복하세요?

함께 거실에서 책을 읽고 있던 중 다솜이가 문득 입을 열었다.

"엄마는 언제 제일 행복하세요?"

"어! 글쎄, 그러는 다솜이 너는 언제 행복하니?"

"저는요, 영어로 글을 썼는데 잘 썼다고 칭찬받고 높은 점수가 나왔을 때 행복해요."

"음, 그렇구나. 엄마는 예전에는 다솜이와 새미가 재롱부리고 우리 가족이 함께 웃고 즐겁게 식사를 나눌 때 '아! 이런 게 행복이구나!'라는 생각을 했어. 지금은 그것도 좋지만, 영원히 변하지 않는 참행복은 나의 영이 하나님을 아는 것이란다. 나의 영과 그리스도의 영이 만나는 시온에서 하나님을 만나기를 간절히 바라고 있어. 그래서 말씀이 깨달아질 때 참행복을 느낀단다."

"아! 저도 그래요, 엄마! 금요철야예배에서 찬양하고 기도할 때 저도 행복하다고 느꼈어요! 아아, 그런 거구나!"

이번 여행 때 숲속에서 갑자기 행복에 관한 질문을 해서 이야기를 했는데 애매하게 이야기한 것 같아서 마음에 걸렸었다. 그래서 그날 새벽에 편지를 써서 다음날 아침 다솜이에게 준 일이 있었다. 그것이 계속 마음에 남았던 것 같다. 다솜이가 자신 안에 있는 말씀을 품고 예배드리고 기도하고, 하나님과의 개인적인 만남에서 영이 기뻐하는 참행복들을 느껴서 영적으로 민감해지고 하나님의 세미한 음성을 자기 안에 있는 말씀으로 들을 수 있는 그런 하나님의 자녀가 되었으면 좋겠다.

✦ 이 일기를 쓴 김은희 집사님은 유니게과정 1기 수료생으로서, 1999년에 5세, 4세의 연년생 어린 딸 다솜이와 새미에게 말씀암송을 가르치기 시작하여 오늘에 이르기까지 온 정성을 다하여 지도하는 가운데 두 딸은 어엿한 소녀들로 자라 현재 미국에서 공부하고 있습니다. 다솜이는 400여절의 말씀을 암송하고, 새미는 300절에 가까운 말씀을 암송할 뿐 아니라 두 자매는 영어로 듣기, 읽기, 말하기가 현지인 수준입니다.

엄마의 거울이 되는 자녀

너희는 내게 배우고 받고 듣고 본 바를 행하라
그리하면 평강의 하나님이 너희와 함께 계시리라 빌 4:9

바울의 이 말처럼 자녀교육은 부모님의 훈계로 이루어지지 않고, 부모님의 삶 자체가 최고의 교재라는 말이 생각납니다. 부모가 말씀암송을 즐겨 하는 것을 보며 자란 자녀는 자연스럽게 말씀암송을 익히게 됩니다. 어려서부터 말씀을 암송하는 습관을 익히면 평생토록 말씀의 사람이 되어 자신감, 겸손, 집중력, 감화력, 창의력, 자제력 있는 풍요로운 삶을 살 수 있습니다.

가정과 교회에서의 최우선순위는 어린 자녀의 신앙교육과 성품훈련에 두어야 할 것입니다. 물론 부모님의 삶이 말씀을 좇아 사는 삶이 되어 자녀에게 모범을 보여야 할 것은 말할 것도 없습니다. 어찌 이 모든 조건을 다 갖추어 자녀를 키울 수 있으랴 싶을지도 모릅니다. 그럼에도 불구하고 우리 부모세대는 본을 보이며 자녀를 키워야 할 의무와 책임이 있습니다.

두 아들과 아침마다 가정예배를 드리는 최기은 집사님의 일기를 읽다가 6살 된 두연이의 믿음과 생각이 어른을 부끄럽게 하는 것을 보았습니다. 3살 난 동생 승윤이의 암송 선생님으로 임명받은 두연이는 그 엄마의 고백처럼 '엄마의 지독한 암송 선생님'입니다. 불과 1년여의 엄마의 모범이 낳은 암송교육의 열매라 믿습니다.

🦋 마귀가 친구하자고 한다

오늘은 푹 자라고 아이들을 늦잠 자도록 놔두었다. 두연이가 눈을 떴다.

"일어나서 밥 먹고 피곤하면 예배는 이따 드릴까?"

"엄마, 왜 그래? 기도하고 암송하고 다른 거 하는 거야. 그래야 예수님이 기뻐하시지. 엄마, 그러다 마귀가 친구하자고 한다. 승윤아, 일어나 기도하자."

곤히 자고 있는 동생을 깨우고는 혼자서 무릎 꿇고 두 손 모아 기도한다.

"예수님, 엄마 칼 날카롭게 해주세요."

성령의 검 얘길 하고 싶은 게다. 두연이는 나의 지독한(?) 암송 선생님이다.

하루는 두연이가 병원 가서 주사 맞고 오는 길이었다.

"엄마, 나 정말 많이 아팠어요. 예수님은 더 아프셨을 텐데…."

두연이는 눈물을 삼키느라 말을 잇지 못한다. 나는 이런 아이의 모습을 보며 간절히 기도할 수밖에 없었다.

'주님, 두연이를 말씀으로 잘 양육하는 엄마가 되게 해주세요.'

✚ 대림감리교회 최기은 집사님(부군:이용일 님)은 23기 유니게 1,2단계를 수료하였으며, 제1기 303비전꿈나무 으뜸모범생 두연(9살)이와 동생 승윤이(7살)와 말씀암송예배를 드리고 있습니다.

유니게과정 2단계를 듣는 엄마를 따라 온 두연이가 했던 일이 떠오릅니다. 암송학교가 진행되는 동안 서너 살부터 예닐곱 살 어린이들은 교실 밖에서 뛰어놀고 있었습니다. 두연이도 함께 어울려 뛰어 놀다가 무슨 생각이 났든지 제 여자 친구와 둘이서 옆에 있는 남자화장실 청소를 한 다음 밝은 얼굴로 나에게 와서 물에 젖은 손과 옷깃을 보이면서 "화장실 청소했어요"라고 합니다. 자기를 인정해주는 나에게 칭찬받기 위해서 그랬을지도 모릅니다. 그렇다 해도 어찌 6살짜리가 자진하여 화장실을 청소할 수 있을까요? 말씀을 암송한 두연이는 어른보다 그 생각이 깊은 듯 합니다.

이번에는 26기 1단계를 수료한 호산나교회 이사라 사모님 (부군:김무곤 목사님)의 암송일기 한 토막을 소개합니다. 엄마와 함께 암송한 고린도 전서 13장 말씀이 아이 안에 있음을 보게 됩니다. 그로 말미암아 함께 암송한 엄마를 일깨우고 있습니다.

🦋 엄마 지금 오래 참고 있는 거죠?

점심식사로 잔치국수를 준비했다. 국수 위에 고명 얹고 따뜻한 국물을 넣어서 이제 식탁 위에 차리기만 하면 되는 순간이다. 그런데 주형이(5살)가 도와준다고 싱크대 선반에 있던 국수 대접을 옮기다가 쏟고 말았다. 바닥으로 국물과 고명이 쏟아졌다. 1초간 모두 놀란 상태. 국수가 쏟아진 건 속상한 일이지만 어린 것이 엄마를 도와주겠다고 하다가 생긴 일이라 "주형이가 엄마 도와주려고 하다가 그런 거니까 괜찮아"라고 했다. 그러자 주형이가 "엄마 지금 오래 참고 있는 거죠?"라고 한다. 그 말이 우스워서 웃음이 나면서도 '정말 암송하는 말씀대로 살아야겠구나' 하고 다시 한 번 두렵고 떨리는 마음으로 다짐했다.

이렇듯 말씀을 암송한 아이의 말은 엄마를 일깨웁니다. 자녀가 말을 알아듣기 시작하면 자녀 앞에 말하는 것이 매우 조심스럽다고 말하는 엄마를 가끔 만납니다. 아이들은 신나게 블록 쌓기를 하면서도 엄마 아빠가 주고받는 대화를 정확하게 듣고 그대로 기억하거든요. 어른들이 어린이의 기억력과 관찰력을 무시하는 경우가 많은데 이는 어린이에 대한 이해가 부족한 데서 나오는 결과라고 봅니다.

다음은《말씀 심는 엄마》의 저자 백은실 집사님이 쓴 양육 일기 중 평소에 자녀에게 무심코 들려주었던 말의 위력을 생각하게 하는 글입니다.

하나님이 안 기뻐하셔!

평소 생각지도 않는 말을 해서 놀라게 하거나 감동을 주는 조이 형제. 이천에 어머니를 뵙고 올라오는 길이었다. 졸음이 몰려왔던지 온유가 형에게 짜증스럽게 대하는 게 아닌가. 지켜보던 조이 형제가 한 마디 툭 던진다.

"이온유 너 왜 자꾸 짜증 부려? 짜증 부리면 하나님이 안 기뻐하셔! 엄마 아빠도 마음이 아프고 하나님도 마음이 아프셔~! 그리고 짜증내는 건 불평하는 거야 ~그죠? 아빠? 그러니까 짜증 부리지마~! 알았지?"

새벽예배를 위해 조이 형제를 깨우면 가끔 짜증을 내는데 그때 아빠가 '감사하게 기쁜 마음으로 일어나지 않고 짜증내면서 일어나는 건 불평하는 것'이라고 일러주었던 것을 그대로 동생에게 인용한 것이다. 조이 형제의 말에 웃으며 가는데 앞에 가는 차가 운전을 좀 이상하게 하는 걸 보며 아빠가 한마디 했다.

"저렇게 운전하는 차 보면 참 답답해."

"아빠 답답하긴 왜 답답해요? 하나님이 지켜주시는데. 그러니까 그런 말 하지 마세요. 아빠~알았죠?"

"그래 조이 말이 맞다. 하나님이 지켜주셔서 하나도 안 답답해."

우리의 대화도 흘려듣는 법이 없는 조이 형제 덕분에 모든 일에 하나님의 생각으로 생각해야 하고, 하나님의 시선으로 바라봐야 하고, 하나님의 마음을 품어야 한다. 참으로 감사한 일이다. 아이들을 통해 우리를 다듬어 가시는 하나님. 주의 교훈과 훈계로 양육해갈 때 누릴 수 있는 은혜인 것 같다. 할렐루야~!!

엄마는 최초의 가정교사요, 자녀의 최고의 멘토입니다. 엄마의 사랑은 하나님의 사랑에 가장 닮은 사랑입니다. 이 존귀한 엄마들을 존경하고 사랑합니다. 그 수고와 헌신에 박수를 보냅니다. 다만 안타까운 것은 수많은 크리스천 엄마들이 자녀를 어떻게 양육하여야 할지를 몰라서 당황하고, 시행착오를 일으키며, 정도가 아닌 길에서 헤매고 있다는 것입니다.

하나님께서 다행스럽게도 303비전성경암송학교 유니게과정을 서울과 지방에서 지속적으로 열게 하셔서 여기에 등록하여 훈련받은 엄마들이 날로 늘어가고, 바람직한 자녀교육이 펼쳐지고 있음은 하나님의 특별하신 은혜인 줄 믿고 감사하며, 이 귀한 사명을 다하려고 달리며 뛰고 있습니다.

Question 자녀들에게 말로 상처를 많이 주었어요!

얼마 전 인터넷에서 "아이의 창의성을 꺾는 20가지 말"이란 글을 보았습니다. 제가 평소 아이들에게 자주 하는 말들이라 뜨끔했습니다. 무의식중에 나오는 그런 말들은 제가 어릴 때 엄마로부터 듣던 말이었습니다. 아이가 그런 말을 듣고 어린 시절의 저처럼 자신감을 잃고 상처를 받았을 거란 생각을 하니 너무 마음이 아픕니다. 어떻게 하면 저의 이런 언어습관이 고쳐질까요?

Answer 자녀들의 창의성을 키우는 말을 연습하세요.

혀는 부드럽게 움직이지만 거기서 나오는 말은 칼보다 예리하여 한 생명을 죽이기도 하고 살리기도 합니다. 특히 어머니의 말은 어린 자녀의 평생을 불행하게도, 비참하게도 하고, 복되고 성공적으로 살게 하기도 합니다. 저도 "아이의 창의성을 꺾는 20가지 말"을 읽고 충격을 받았습니다. 엄마로부터 흔히 듣는 말이 격려와 칭찬이 아니라 비난이나 거절이라면 안 되겠지요. 그래서 반대로 "아이의 창의성을 키우는 20가지 말"이 제시되었으면 좋겠기에 기도하는 마음으로 작성해보았습니다.

N = 아이의 창의성을 꺾는 말

P = 아이의 창의성을 키우는 말

N1 "말도 안 되는 소리 하지도 마."

P1 "와, 그건 대단한 창의력이로구나."

부모님들이 어린 자녀들과 대화하다보면, 그야말로 말도 안 되는 말이 자녀의 입에서 튀어나오기도 합니다. 그럴 때에는 대부분의 엄마들은 "말도 안 되는 소리 하지도 마"라고 쏘아붙입니다. 그러나 그보다는 "와, 대단한 창의력이로구나"라고 격려해준다면, 자녀의 창의력은 점점 왕성하게 커 갈 것입니다. 물론 이런 식으로 말해주려면 어느 정도는 엄마 아빠들의 훈련이 필요합니다.

N2 "얼씨구, 잘~한다!"

P2 "그래, 네가 하고 싶은 대로 해보렴."

어린 자녀의 하는 행동이 어찌 어른의 마음에 쏙 들 수 있겠습니까? 비록 부모의 마음에 들지는 않아도 자녀의 하고자 하는 의지를 살리기 위하여 "얼씨구, 잘~한다!" 하며 비아냥거리지 말고 "그래, 너 하고 싶은 대로 해보렴"라고 격려해주면 자녀는 자신감을 갖게 됩니다.

N3 "네가 그것을 어떻게 해. 엄마가 해줄게."

P3 "너는 그것을 너 혼자서 얼마든지 할 수 있어."

부모가 보기엔 어린 자녀가 도저히 할 수 없을 것 같은 일을 하겠다고 달려들 때에, "네가 그것을 어떻게 해. 엄마가 해줄게" 하면서 도와주려고 하기 쉽습니다. 그러나 "너는 그것을 너 혼자서 얼마든지 할 수 있어"라고 격려해주면, 자녀는 의기양양하여 비록 어설프지만 나름대로 해내는 것을 봅니다. 혹시 그 자리에서는 실패할지라도 엄마가 옆에서 끊임없이 격려해주시면 자녀의 창의성은 날로 살아나게 마련이지요.

N4 "쓸데없는 짓 좀 그만해라."

P4 "무엇인지는 모르지만 재미있어 보이는구나."

엄마가 보기에 어린 자녀가 그림을 그린다든가, 만들기를 한다든가 할 때 하던 대로 하지 않고 엉뚱한 행동을 하면 불안하기 짝이 없지요. 그러나 시간이 많이 걸리거나 실패할망정 자기가 하고 싶은 대로 하도록 맡겨두는 것이 창의성을 기르는 지름길입니다. 물론 위험이 따르는 것이라면 문제가 좀 다르겠지만요. 아무튼 "쓸데없는 짓 좀 그만해라" 보다는 "무엇인지는 모르지만 재미있어 보이는구나"가 훨씬 바람직하지요.

N5 "어린애는 그런 것 몰라도 돼."

P5 "애야, 네가 어른이 되면 알게 된단다."

어른들이 대화하는데 어린 자녀가 끼어드는 경우가 흔히 있지요. 그럴 땐 어떻게 하십니까? 십중팔구 "어린애는 그런 것 몰라도 돼" 하며, 입을 다 물라고 야단을 칩니다. 그보다는 "애야, 네가 어른이 되면 알게 된단다"라고 부드럽게 미소로 타일러주시는 것이 지혜가 아닐까요?

N6 "제발 좀 치워."

P6 "무엇을 하려는 건지 엄마한테 말해줄 수 있겠니?"

자녀들이 책이나 장난감을 방 안 가득 늘어놓고 무언가 상상의 세계를 만드는 경우, 무조건 "제발 좀 치워"라고 야단치는 것보다는 "무엇을 하려는 건지 엄마한테 말해줄 수 있겠니?"라고 말함으로써 자녀의 표현을 유도하는 것이 바람직합니다.

N7 "왜 너는 바보 같은 것만 묻니?"

P7 "와, 엄마는 미처 그런 것까지 생각하지 못했구나."

자녀들은 호기심이 많아서 이것저것 질문이 많습니다. 이럴 때 비록 그 질문이 어른 생각에는 바보스럽더라도 "왜 너는 바보 같은 것만 묻니?"라고 핀잔을 주지 말고, "와, 엄마는 미처 그런 것까지 생각하지 못했구나"

하면서 자녀의 생각과 질문을 칭찬해주면, 자녀의 창의성은 더욱 발달될 것입니다.

N8 "이것은 규칙이야. 그대로 해야 돼."
P8 "아가야, 우린 이미 약속했잖니? 약속한 것은 지켜야겠지?"
일단 부모님이 하지 말라고 못을 박아놓았는데도 자녀가 떼를 쓰면, 부모님들은 흔히 화를 벌컥 내면서 짜증스럽게 "이것은 규칙이야. 그대로 해야 돼"라고 잘라 말합니다. 그보다는 "아가야, 우린 이미 약속했잖니? 약속한 것은 지켜야겠지?"라고 말해주시면, 자녀는 스스로 약속을 지키게 됩니다.

N9 "너는 너무 어려서 안 돼."
P9 "네가 더 크면 할 수 있겠지만, 지금은 너무 어리잖니?"
어린 자녀가 형이나 누나가 하는 것을 보고 저도 하겠다고 나설 때, 흔히 엄마들은 이렇게 딱 잘라 말합니다. "너는 너무 어려서 안 돼." 그러나 이보다는 "네가 더 크면 할 수 있겠지만, 지금은 너무 어리잖니?"라고 타이르면 어떨까요? 이렇게 간단한 대화 속에서 가족에 대한 사랑이 움트게 되고, 창의성도 높아집니다.

N10 "웬 말이 그렇게 많아? 하라면 할 것이지."

P10 "애야, 엄마가 알아들을 수 있게 한 번 더 천천히 말해줄래?"

자녀가 엄마의 금지 명령에 순종하지 않고 종알종알 말대꾸를 하면, 엄마는 인내의 한계를 넘어 고함을 지르면서 야단을 칩니다. "웬 말이 그렇게 많아? 하라면 할 것이지." 이렇게 말하는 습관이 쌓이노라면, 자녀의 창의성은 무참히 꺾이고 맙니다. 대신 부드러운 말씨로 "애야, 엄마가 알아들을 수 있게 한 번 더 천천히 말해줄래?"라고 다정하게 부탁하시면, 자녀는 나름대로 말을 정리할 줄 알게 됩니다.

N11 "여자면 여자답게 놀아야지."

P11 "엄마는 우아한 여자아이가 좋단다."

형제자매들이 함께 자라다보면, 딸아이가 오빠나 남동생과 어울려 놀기도 하고 장난도 치면서, 총싸움도 하고, 남자아이들과 똑같이 와일드하게 행동하는 것을 볼 수 있습니다. 이럴 때 엄마에겐 어떤 생각이 들까요? 먼저 아이가 밝고 자유롭게 놀 수 있다는 것을 감사하세요. 꼭 말을 하고 싶다면 "여자면 여자답게 놀아야지" 보다는 "엄마는 우아한 여자아이가 좋단다"라고 하면 그 딸은 마음에 구김살 없이 자라게 될 것입니다.

N12 "참견 말고 네 할 일이나 해."

P12 "미안하다. 엄마가 미처 네 생각을 하지 못했어."

자녀가 어리니까 아무것도 모르겠거니 생각하고, 어른들이 이것저것 이야기를 주고받으면, 옆에서 듣고 있던 자녀는 끼어들게 마련입니다. 그럴 때 "참견 말고 네 할 일이나 해"라고 핀잔을 주기 쉽습니다. 그 대신 "미안하다. 엄마가 미처 네 생각을 하지 못했어"라고 곱게 타일러주면, 그 자녀는 마음에 그늘이 없이 밝게 자랄 수 있습니다.

N13 "넌 아무래도 좀 미련한가봐."

P13 "사람은 실수할 수도 있어. 네가 지혜롭다는 걸 엄마는 잘 알아."

어린 자녀가 잘 자라기를 바라지 않을 부모는 없습니다. 그럼에도 불구하고 자녀의 능력을 믿는 사람은 그리 많지 아니합니다. 자녀가 블록 쌓기를 시도하다가 연거푸 실패할 경우, "넌 아무래도 좀 미련한가봐" 한다면 그 자녀의 기는 팍 꺾기는 반면, "사람은 실수할 수도 있어. 네가 지혜롭다는 걸 엄마는 잘 알아" 하면서 용기를 북돋우어주면, 아이는 힘을 얻게 될 것입니다.

N14 "도대체 넌 커서 뭐가 되려고 그러니?"

P14 "애야, 너 하고 싶은 대로 실컷 해보렴."

자녀가 부모님이 하지 말라는 짓을 고집스럽게 기어코 하겠다고 떼를 쓸 때 "도대체 넌 커서 뭐가 되려고 그러니?" 하는 것보다 "애야, 너 하고 싶은 대로 실컷 해보렴" 하면, 몇 차례 자기가 하고 싶은 대로 시도하다가 스스로 그만둘 것입니다.

N15 "야, 넌 지금 그런 것 할 때가 아니야."

P15 "애야, 네가 조금 더 크면 자연스럽게 할 수 있을 게다. 지금은 조금 빠르다고 생각하지 않니?"

가령 7살 자녀가 중학생 형이 하는 아령 운동을 하겠다고 덤빌 때, "야, 넌 지금 그런 것 할 때가 아니야" 하면서 말리기보다, "애야, 네가 조금 더 크면 자연스럽게 할 수 있을 게다. 지금은 조금 빠르다고 생각하지 않니?" 라고 설득하면 자연스럽게 자기 할 일로 돌아갈 것입니다.

N16 "네가 하는 일이 다 그렇지."

P16 "누구나 실수는 하기 마련이란다."

모처럼 자녀가 엄마를 도와서 반찬을 냉장고에서 꺼내어 식탁에 올려놓다가 국물을 엎질렀을 때, "네가 하는 일이 다 그렇지" 한다면, 그 아이는 다시는 엄마를 도우려 하지 않을 뿐더러 모든 일에 자신을 잃게 될 것입니다. 그러나 엄마가 미소를 지으며, "누구나 실수는 하게 마련이란다"라고 위로해주면서 엄마를 도우려던 아이의 마음 씀씀이를 칭찬해주세요.

N17 "하늘은 하늘색으로 칠해야지. 그런 색 하늘은 없어."

P17 "와, 하늘의 색깔이 멋지구나."

자녀가 그림을 그리는데 하늘을 빨갛게, 혹은 노랗게 칠할 수도 있지요. 그럴 때 "하늘은 하늘색으로 칠해야지. 그런 색 하늘은 없어"라고 편잔을 준다면, 그 아이의 창의성을 꺾어버리게 됩니다. 오히려 엄마가 감탄하면서 "와, 하늘의 색깔이 멋지구나" 한다면 자녀의 상상력은 날개를 펼쳐 높이 날아갈 것입니다.

N18 "넌 도대체 누구를 닮아서 그렇게 엉뚱하니?"

P18 "와, 너는 창의력이 대단하구나."

어른 보기에는 엉뚱할 수도 있으나, 자녀의 입장에서는 자연스러운 일이 한두 가지가 아니지요. 이를테면, 노아의 방주로 들어가야 산다면서 식탁 테이블 밑으로 자기 몸을 먼저 숨긴 다음 제 동생을 잡아끌어 들인다든지 할 때 엄마가 보고 "넌 도대체 누구를 닮아서 그렇게 엉뚱하니?" 한다면 어떻게 되겠어요? 대신 "와, 너는 창의력이 대단하구나"라고 칭찬해준다면 자녀의 상상력은 독수리의 날개침같이 비상할 것입니다.

N19 "아니 뭐, 그런 당연한 걸 가지고 떠들고 그러니?"
P19 "와, 신기하구나. 넌 엄마보다 낫구나."

어른 보기에는 너무나 당연한 일도 자녀에게는 자랑거리가 될 수도 있지요. 이를테면, 비눗물에 빨대를 대고 물을 묻혔다가 후우 불면 큰 색깔 물방울이 만들어집니다. 자녀는 이것이 너무 신기해서 엄마한테 자랑합니다. 그때에 "아니 뭐, 그런 당연한 걸 가지고 떠들고 그러니?" 하며 기를 꺾는 엄마가 있는가 하면, "와, 신기하구나. 넌 엄마보다 낫구나" 하고 칭찬해주는 엄마가 있지요.

N20 "그건 해보나마나 안 돼."
P20 "어려운 일이긴 하지만, 도전해볼래?"

중학생 누나가 훌라후프를 허리, 가슴에 자유로이 감아 돌리는 것을 보고 7살짜리가 따라해보겠다고 조르면, "그건 해보나마나 안 돼" 하지 말고 "어려운 일이긴 하지만 도전해볼래?" 하면서 힘을 실어주면, 실패하고 또 실패해도 언젠가는 기어이 해내고 말 것입니다.

청년이 무엇으로 그의 행실을 깨끗하게 하리이까

주의 말씀만 지킬 따름이니이다

내가 주께 범죄하지 아니하려 하여 주의 말씀을 내 마음에 두었나이다

시편 119편 9,11절

How can a young man keep his way pure?

By living according to your word. I have hidden your word

in my heart that I might not sin against you.

Psalms 119:9,11

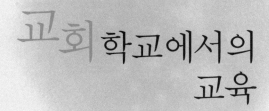

Part 4

교회학교에서의 교육

말씀으로 부흥하는 교회학교

연령별 암송교육의 실전

10장

말씀으로 부흥하는
교회학교

교회교육의 심각한 위기

엄청난 규모의 태풍이 태평양에서 발생하여 우리나라를 향하여 불어 오고 있습니다. 이 태풍이 우리나라에 상륙하는 날에는 남아날 축대와 건물이 없을 것 같습니다. 강력한 태풍이 시시각각으로 우리나라를 향하여 북상하고 있음에도 불구하고 기상청에서는 '오늘은 흐렸다 맑았다 할 것' 이라고만 합니다. 이 위급한 상황을 발견한 아마추어 기상관측자의 마음은 얼마나 안타깝겠습니까? 얼마 후에 이 나라가 태풍으로 쑥대밭이 될 것은 의심의 여지가 없는데 세상도 기상청도 태풍엔 전혀 관심 없이 엉뚱한 일로 바쁘게 돌아가고 있습니다.

이것은 우리의 교회학교 현실을 풍자한 가상 시나리오였습니다. 지금 세상은 온통 사탄의 흙탕물이 도도히 흘러넘치고 있습니다. TV에서는 칼로 죽이고 싸우는 만화가 더 많아지고, 불륜을 아름답게 포장한 연속극이 판을 칩니다. 인터넷에서는 각종 음란 사이트들이 아이들의 호기심을 자극합니다. 학교에서는 왕따와 폭력, 성적에 대한 압박이 아이들을 짓누릅니다.

어떤 유능한 부모도, 교사도, 목사도, 상담자도 이런 어려움에 빠져 있는 우리의 자녀들을 인간적인 지혜와 노력으로 온전히 지켜주고 건져 줄 수 있다고 장담할 사람은 없습니다.

성경은 하나님의 전신갑주로 마귀의 간계를 이기라고 권면합니다(엡 6:11). 하나님의 말씀을 우리의 자녀들이 어려서부터 암송하고 묵상하고 있었다면, 비록 일시적으로 고민하고 어려움을 당한다 할지라도 마침내 말씀으로 극복할 수 있습니다.

배가 갑자기 아프거나 머리가 심히 아파서 급히 병원에 갔을 때 환자의 입장에서는 속히 아픈 곳을 치료해주었으면 좋겠는데, 의사는 서두르지도 않고 주사를 놓아주지 아니하고, 소변을 받아오라, 혈압을 재라, 혹은 청진기로 아프지 않은 곳까지 대보거나, 환자에 관한 여러 가지 정보를 알아내는 일을 먼저 한 다음 처방전을 줍니다. 왜 그럴까요? 정확한 병의 원인을 아는 것이 먼저이기 때문입니다.

마찬가지로 우리가 교회학교를 부흥 발전시키기 위해서는 정확한 진단이 필요합니다. 잘못되어 있는 현상의 발생 원인을 정확하게 진찰하는 것이 우선순위입니다. 우리 교회교육의 뼈아픈 현상의 원인은 무엇일까요?

· 교회 중직자들이 아동교육의 중요성을 잘 모르고 있지 않은지요?

· 교회 중직자들의 관심이 외형적 성장에만 치우쳐 있지 않은지요?

· 교회 중직자들의 어린이 사랑이 부족하지 않은지요?

· 교회학교 지도자들이 관습에 안주하고 있지 않은지요?

· 교회학교 지도자들이 말씀암송에 무관심하지 않은지요?

· 교회학교 지도자들이 20년, 30년, 60년 후를 예비하는 꿈을 갖고 있는 지요?

· 전래의 방법에서 탈피하지 못하는 교사 강습 이대로 좋은지요?

눈을 크게 뜨고 다시 한 번 우리의 교회학교를 보십시다. "큰일이다" "내일이 보이지 아니한다" 소리가 절로 나올 것입니다. 어쩌다 이런 캄캄하고 비통한 현실이 되었을까요? 먼저 냉정을 되찾고 조용히 묵상하는 시간을 가져보십시다.

보라 어둠이 땅을 덮을 것이며 캄캄함이 만민을 가리려니와 사 60:2

2,700년 전에 하나님께서 이사야 선지자를 통해서 하신 말씀이 오늘 우리의 현실로 나타나고 있습니다. 지방에 따라, 교회에 따라, 담임목회자에 따라 차이는 있을지라도 공통된 현상은 예배 분위기에서 경건이 사라지고, 아이들의 수업 분위기가 어수선하며, 학습 자세가 흐트러져 간다는 것입니다.

또한 교사들의 사명감도 점점 식어져가고, 출석률도 떨어져 갑니다. 무엇보다도 상급반으로 올라갈수록 출석 인원이 격감하고 있습니다. 이보다 더 심각한 것은 아이들이 성경 이야기는 듣고 배워서 조금 알지만, 말씀암송과 묵상, 적용 훈련을 받지 못함으로 말씀에 기초한 믿음을 찾아보기 힘들다는 것입니다.

더욱 안타까운 것은 교역자나 교회 지도층 어른들이 장년들의 출석 수에 관심을 기울이는 데 비해 교회학교 어린이들의 경건과 인격에 대해서는 무관심하거나 이를 대수롭지 않게 여긴다는 것입니다. 이것이 우리 교회학교의 뼈아픈 현실입니다.

정직하게 말해서 우리는 지금 대안 없는 낙망의 길을 가고 있습니다. 아이들이 줄어드는 것도 심각한 문제이지만, 그보다도 더 심각한 문제는 교육 내용과 방법에 있습니다. 제가 섬기던 교회의 교육위원회에서의 일을 지금도 기억합니다. 유초등부 출석수가 줄어드는 이유로, 담당 전도사는 이렇게 말했습니다.

첫째, 강남으로 이사를 가는 가정들이 부쩍 늘고 있는 추세로 부모는 본 교회로 출석하지만 아이들은 가까운 교회로 가기 때문이며 둘째로, 학교 행사와 청소년 단체들의 행사가 주일을 많이 이용하기 때문이며 셋째로, 과외수업이 많아지고, 믿지 않는 부모들이 주말여행을 떠나기 때문이며 넷째로, 어린이의 전체 숫자가 줄어들기 때문이며 다섯째로, 교회들이 많이 생겨나기 때문이라는 것입니다.

핑계 없는 무덤이 없다는 말처럼 그럴듯한 핑계거리입니다. 사실 틀린 말이거나 지어낸 말은 아닙니다. 그러나 아이들이 줄어가는 본질적인 문제는 그 이유 가운데서 찾을 수가 없습니다.

교사가 진실과 사랑으로 아이들의 이름을 날마다 불러가며 기도하고, 사랑의 편지를 띄우며, 문자메시지를 자주 보내는 데도 아이들이 줄던가요? 교사가 아이들의 학교 성적이 올라가도록 돌보아주는 데도 나오지 않던가요? 교사들의 신앙생활의 현주소는 어떠합니까? 아이들에게 아름다운 꿈을 심어주는 데도 아이들이 줄어듭니까? 아이들이 말씀암송의 꿀맛을 알고도 나오지 않던가요?

공과교육 중심에서 암송교육 중심으로

우리의 전통적인 교회교육은 설교와 교리학습, 각급 공과공부에 의존해왔습니다. 그러나 지금은 여러 가지 성경공부와 제자교육, 전도교육 등으로 다양해졌습니다. 성경통독, 성경쓰기, 큐티, 성경공부가 다 중요합니다. 그러나 말씀암송교육이야말로 교회교육의 우선순위가 되어야합니다. 예수 그리스도의 성품을 본받기 위해서는 말씀의 생활화를 목표로 삼아야 하는데 말씀의 생활화는 말씀암송의 기초 위에 이루어지기때문입니다.

문제는 말씀암송교육의 방법입니다. 우리는 무의식중에 말씀암송을 교과를 가르치듯이 이번 주에는 이 말씀을, 다음 주에는 다른 말씀을 암송 숙제로 내주면 된다고 생각하기 쉽습니다. 암송을 숙제로 내어주기 전에 교회에서 함께 암송훈련을 재미있게 해야 합니다. 그리고 한 번 암송한 말씀은 반복을 거듭하여야 하는데, 교회에서는 그것을 시간 낭비로 알거나 그럴 필요를 느끼지 못하는 것 같습니다. 암송 분량도 저의 경험으로는 5-10절을 암송 목표로 내걸고, 여러 주에 걸쳐 다 함께 반복하여 암송을 훈련하는 것이 효과적입니다. 그런데 대부분의 교회에서는 공과에 나오는 오늘의 요절 말씀을 한 주에 한 절이나 두 절씩 외워나갑니다. 그것은 교사가 암송 경험이 없을 뿐더러 암송교육의 고정관념에서 벗어나고 있지 못하기 때문입니다. 그렇게 해서 성공하는 것을 보지 못했으면서도 그렇게들 합니다.

오늘날 거의 모든 교회학교의 주보를 보면 '이번 주 암송 요절'을 발견하게 됩니다. 그것이 매주 다른 요절로 바뀝니다. 1년간의 주보만을 보면 아이들이 수십 절의 말씀을 암송한 것으로 나타납니다. 그러나 실상은 어떻습니까? 담당 교역자도, 교사도, 학생도 암송 과제가 무엇이었는지조차 기억하지 못합니다. 이런 무모한 교육을 우리는 예사로이 하고 지나갑니다. 이는 하나님을 만홀히 여기는 행위가 아니고 무엇이겠습니까?

지금까지 암송교육을 전혀 하지 않았던 것은 아닙니다. '암송' 하면 교회에서는 성경암송대회를 떠올리기 쉽습니다. 교회의 기관별 혹은 노회, 총회에서의 암송대회를 연상합니다. 이를 위하여 암송에 소질이 있는 어린이나 교사들을 미리 지목하여 일정 기간 열심히 주어진 암송 요절을 단기간에 훈련시킵니다. 목적은 오직 대상, 금상, 은상, 동상 등 암송 올림픽에서의 메달 획득에 있을 뿐입니다.

일단 암송대회를 마치고 나면 어떠합니까? 다음 해 혹은 다음 학기의 암송대회가 있을 때까지 잠잠합니다. 교역자나 교회 지도층이나 학생이나 오직 관심은 메달 획득에만 있습니다. 그럼에도 불구하고 이런 특별한 암송훈련이 쌓이는 사이에 신앙생활에 유익을 가져오는 부차적 효과는 없진 않겠지요.

그러나 조용히 하나님 앞에 무릎을 꿇고 기도해보면, 이러한 무의식 중에 행해지는 연례행사가 얼마나 하나님의 마음을 안타깝게 하며, 교회 지도적 사명을 가진 자로서, 혹은 그리스도인으로서 불경건한 일인가 하는 생각에 이르면 심히 죄스러워 얼굴이 달아오릅니다.

성경은 하나님의 말씀이며 곧 하나님이십니다(요 1:1). 성경을 암송한다는 것은 살아계신 하나님을 내 안에 모셔들이는 거룩한 훈련이지, 결코 메달을 따기 위해서가 아닙니다.

가르침에서 훈련으로

교육은 가르치고 배우는 것으로 알기 쉬우나, 실상은 훈련을 통해서 몸과 마음에 익히게 하는 것이 교육입니다.

디모데후서 3장 16절에서 성경은 교훈教訓과 책망과 바르게 함과 의義로 교육教育하기에 유익하다고 했습니다. NIV 영어성경에서는 이 구절에 나오는 교훈을 'teaching'이라 했고, 교육을 'training'이라 했듯이 우리는 앞으로 어린이들을 자리에 앉혀놓고 입으로 가르쳐서 귀로 듣게 하는 교육에서 어린이 자신이 말씀을 성경 그대로 암송하고 묵상하게 하는 교육 곧 훈련하는 교육으로 바뀌어야 합니다.

어른들을 위한 성경 곧 개역한글판이나 개역개정판보다는 더 쉬운 어린이용 성경책으로 가르치는 것이 좋으리라고 생각할 수도 있습니다. 그러나 실제로 암송시켜 본 경험으로 미루어볼 때 암송교재는 어른들이 사용하는 성경으로 하는 것이 더 효과적이라는 사실을 알게 되었습니다. 필요한 부분은 설명을 잘 해주면 됩니다.

말씀암송을 제대로 가르치는 길이 있습니다. 긴 문장일 경우, 두세 토막으로 나누어 첫 토막을 다섯 번 혹은 일곱 번 큰 소리로 빨리 반복합니다. 마치 구구단 외울 때처럼 말입니다. 말씀이 아이들의 입에서 자연스럽게 나오게 되면, 다음 토막을 같은 방법으로 반복합니다. 그런 후에 두세 토막을 단번에 이어서 다섯 번 빨리 반복 암송한 다음, 속도를 늦춰서 또박또박 암송시키면 거의 모든 어린이들이 정확히 암송합니다. 이것이 '하니비honeybee암송법'입니다. 이렇게 아이들이 암송을 해보면, 암송에 자신감이 생기고 말씀암송에 흥미를 느끼기 시작합니다.

이렇게 하면 일방적으로 성경 지식을 가르치는 것이나 성경을 읽어만 주는 것과는 비교도 되지 않을 정도로 아이들의 눈동자에서 빛이 나기 시작합니다. 교사나 담당 교역자가 먼저 모여서 암송하는 것이 중요합니다. 그리고 기도로 준비하는 것을 잊지 말아야 합니다. 더욱 중요한 것은 공과공부에 앞서서 10분 정도 소리내어 암송훈련을 하면 공과공부의 효과가 놀랍게 높아지기 마련입니다.

교회학교에서 아이들을 가르칠 수 있는 시간은 겨우 일주일에 20분

내지 30분입니다. 그 시간에 예수님에 대한 이야기, 하나님에 대한 이야기, 성경에 대한 이야기를 가르치는 것으로 신본주의 정신을 심어줄 수 있을까요?

말씀의 뜻도 모르는 유치원생이 말씀을 암송한다는 것이 무리가 아니냐고 말하는 사람이 있다면, 그가 전혀 암송 경험이 없다는 증거입니다. 그것은 고정관념의 틀을 벗어나지 못한 어른들의 기우杞憂에 지나지 아니합니다. 비록 어른처럼 깊은 뜻은 모른다 할지라도 도리어 생각이 단순하다는 이유에 어릴수록 암송달란트를 많이 받았다는 이유를 더하여 어떤 면에서는 상급반보다 더 빨리 더 정확하게 암송한답니다.

기억력이 왕성한 유치부 어린이들에게 어려운 것 같이 보이는 성경 말씀을 30절 정도를 주기도문을 암송하듯 숙달시키고, 초등학교 1학년생에게는 50절 정도를 암송시키며, 초등학교 6학년생에게는 120절 정도를 암송시킬 뿐 아니라 반복훈련을 시켜서 익숙하게 만든다면, 그들은 놀라운 지혜와 명철을 얻게 될 뿐 아니라 반석 위의 믿음을 갖게 될 것입니다. 그리고 하나님 중심 사상이 깊게 뿌리박히게 되고, 나아가 성령의 역사로 착하고 지혜로운 아이가 됩니다.

뜻있는 목회 지도자들은 교회교육이 이대로는 안 되겠다고 입을 모아 말합니다. 그러나 그 대안을 말하는 사람은 아직 만나지 못했습니다. 말씀암송교육을 우선순위로 삼는 길만이 바람직한 대안입니다. 공과공부 중심 교육에서 말씀암송 중심 교육으로 바뀌어야만 침체된 교회학교가 살아날 수 있습니다.

*교회학교 암송교육 **실전 지침**

1. 새로운 암송을 먼저 공과시간에 하니비암송법으로 익힌 다음에 숙제로 내줄 것.

2. 한 번 암송한 말씀은 매주 반복할 것.

3. 하니비암송법으로 큰 소리로 암송하게 할 것.

4. 암송한 말씀을 노트에 쓰는 훈련을 시킬 것.

5. 초등 2학년 이상은 주기도문을 영어로 암송하게 할 것.

6. 기본으로 우리말과 영어로 '창 1:1 ; 요 1:1 ; 고후 5:17 ; 갈 2:20 ; 롬 3:23,24 ; 마 7:7,8 ; 시 1,23 ,100,150'을 암송하기를 권장함.

7. 짧은 요절이 익숙해지면 고린도전서 13장 전장을 암송시킬 것.

8. 개인별보다 조별로 선의의 경쟁심을 북돋아줄 것.

9. 암송경연대회를 2달 전에 공표하고 조별 또는 반별로 시상할 것.

11장

연령별 암송교육의 실전

꾸준하게 지혜롭게 즐겁게

성실한 믿음의 부모님 슬하에서 태어난다는 것은 참으로 큰 복입니다. 꿈이 있는 목회자 밑에서 신앙생활을 한다는 것 역시 큰 복입니다. 사랑과 꿈이 있는 교사를 만난다는 것 역시 어린이에게는 큰 복입니다.

교사가 모범을 보이면서 가르치지 아니하면 지속할 수가 없고, 지속하지 아니하면 이미 암송한 말씀도 잊어버리게 됩니다. 쉬운 일은 아니지만 교사의 말씀암송은 선택과목이 아니라 필수과목입니다. 놀라운 사실은 교사가 암송을 하게 되면, 먼저 교사의 믿음이 확고해지고, 기쁨으로 교사의 직분을 감당하게 됨에 따라서 아이들도 열심히 암송하면서 믿음이 쑥쑥 자라게 됩니다.

그러기 위해서는 먼저 교역자와 교사가 훈련을 받아서 암송교육의 방법을 옳게 익혀야 합니다. 아무리 목적이 좋아도 방법이 잘못되면 교육이 제대로 이루어질 수 없습니다. 이제까지 하던 암송 방식은 너무나 잘못되어 있기 때문에 교육을 받고 암송훈련을 경험하지 않으면 어렵습니다.

암송교육을 오직 성실하게 그리고 꾸준하게, 지혜롭게, 즐겁게 시켜야 합니다. 흔히 보면 아이들이 잘 따라하는 기색이 보이면, 과욕을 내서 무리한 분량을 목표로 세우곤 합니다. 결과는 불문가지, 거북이와 토끼 우화처럼 착실하게 지속하는 자가 승리하게 마련입니다.

교사는 학부모님과의 관계가 긴밀해야 합니다. 교회에서 아무리 잘 가르치려 해도 가정에서 말씀암송과 전혀 다른 생활을 하는 어린이는 갈등도 많이 겪게 되거니와 암송을 지속하기가 어렵습니다. 부모님이 믿음이 없는 아이들은 그렇다 해도 부모님이 잘 믿는 가정에서도 교회학교 교사와 의견 교환이 없는 경우가 많은데, 교회적으로나 개인적으로 학생들의 부모님과 협력할 수 있는 기회를 만들어야 합니다.

특별히 학부모된 젊은 집사들로 하여금 말씀암송훈련을 받게 하는 것이 좋습니다.

초등부 암송교육의 효과

어린이가 말씀을 암송하다보면 그 정신적인 성숙이 두드러지게 나타나는 것을 많이 보아왔습니다. 최근에는 TV와 인터넷의 영향으로 사춘기가 빨리 옵니다. 여아의 경우, 빠른 아이는 초등학교 1,2학년부터, 남아의 경우는 초등학교 3,4학년부터 사춘기가 오는 것 같습니다. 겉모습은 철부지 같지만 실상은 어른의 생각보다 더 사려 깊은 경우도 흔히 봅니다.

어른들은 자신들의 신앙생활에 골몰하느라 자녀들이 겪는 내적 싸움을 도외시하고 도리어 야단만 치기 일쑤입니다. 그러다 사건이 터지고 나면 마치 자식에게 배신이나 당한 것처럼 화를 내고 손찌검을 하여 가출사태까지 벌어지는 가정이 한둘이 아닙니다. 어릴 때부터 부모의 신실한 신앙생활을 보며, 말씀암송을 하면서 자란 자녀들은 사춘기를 만나도 자제력을 가지고 넉넉히 승리의 삶을 살아갈 수 있습니다.

한국교회의 교회교육은 말씀암송 우선순위로 바뀌어야 합니다. 어린 자녀에게 말씀을 암송시킨다는 것은 참으로 중요한 일입니다. 인본주의 교육으로 세뇌되기 이전에 신본주의 교육을 시켜야 합니다. 신본주의 교육의 핵심은 말씀을 입으로 가르치는 것이 아니라 말씀을 통째로 암송시키는 것입니다. 비록 그 깊은 뜻은 모른다 할지라도 어려서 말씀을 즐겨 암송하고 이 말씀을 삶에 적용하는 훈련을 쌓아가게 되면 주께서 그에게 놀라운 지혜를 주셔서 말과 생각과 행동이 성숙해집니다.

또한 어려서부터 말씀암송이 몸에 배게 되면 그는 평생 '4C'의 유익을 누리며 살 뿐 아니라, 당장 학교교육에도 큰 도움을 얻게 됩니다. C1은 "Confidence" 곧 자신감을 갖고 능률적인 삶을 삽니다. 긍정적인 사고방식이 몸에 배게 되어 맑고 밝은 삶을 살게 되는 것입니다. 긍정적인 아이는 인간관계도 원활하며, 보혜사의 도우심으로 친구들 사이에서도 신실한 상담자가 됩니다. 뿐만 아니라 어른들도 힘들어 하는 암송을 하게 됨으로써 자신감이 생깁니다. 어린이들에게 고린도전서 13장이나 요한복음 14장, 15장을 암송시켜보면 처음에는 이렇게 긴 말씀을 어떻게 암송할 수 있을까 하지만 막상 하니비암송법으로 1시간도 안 되어 다 암송하게 되면 내가 해냈다는 뿌듯함과 자신감이 생기게 됩니다.

C2는 "Concentration" 곧 집중력이 생겨서 배우는 일과 업무 처리에 뛰어난 능력의 소유자가 됩니다. 정신을 집중하지 않고는 암송할 수 없으므로 암송한다는 것은 집중력을 기르는 훈련이기도 합니다. "정신일도하사불성精神一到何事不成"이라는 말처럼 정신을 집중하여 암송하는 훈련이 쌓이게 되면 집중력이 커질수록 암송 실력도 늘게 됩니다. 다윗이 물맷돌 단발單發로 골리앗의 미간을 맞춰 쓰러뜨린 것은 하나님의 도움이 있었거니와 평소의 집중훈련의 성과라고 봅니다.

C3는 "Control" 곧 자제력Self-Control이 생겨서 사춘기의 방황을 예방할 수 있으며, 예수 그리스도를 닮아가는 인격을 갖추게 됩니다. 올림픽 금메달리스트에게 그동안 무엇이 제일 어려웠느냐고 물으면 자신과의 싸움에서 이겨내는 일이 제일 어려웠다고 말합니다. 인격수련은 자제력을 기르는 훈련입니다. 하나님의 말씀을 암송하고 이를 주야로 묵상하는 습관이 들면 무엇보다도 육신적 욕망을 자제하고 하나님의 뜻을 좇는 일에 익숙하게 됩니다.

C4는 "Creativity" 곧 창조력이 왕성해집니다. 하나님의 말씀은 지혜의 근본이기에 말씀을 암송하고 이를 묵상하는 훈련을 쌓아가는 동안

암송된 말씀이 내 안에서 역사하며 창의력이 뛰어나게 됩니다. "이 말씀이 또한 너희 믿는 자 속에서 역사하느니라"(살전 2:13)라는 말씀과 "보혜사 곧 아버지께서 내 이름으로 보내실 성령 그가 너희에게 모든 것을 가르치고 내가 너희에게 말한 모든 것을 생각나게 하시리라"(요 14:26)라는 말씀처럼 놀라운 창의력을 안겨줍니다. 이 외에도 암송한 말씀을 주야로 묵상함으로 말씀에 순종하는 삶을 살 수 있을 뿐 아니라 영의 양식을 먹고 새김으로써 믿음이 올바로 서게 됩니다. 말씀 자체이신 하나님 곧 성부와 성자와 성령 하나님을 내 안에 모시고 살 수 있는 길은 오직 어려서부터 말씀을 암송하는 훈련을 익혀서 몸에 배게 하는 데 있습니다.

중고등부 교육의 발상 전환

중고등부의 경우는 절대적으로 말씀암송교육이 필요합니다. 유혹이 많은 세상에서 사춘기를 건강하게 이겨낼 힘은 오직 말씀뿐이기 때문이지요. 학교 성적, 진학 문제, 성적性的 욕구 억제, 이성 문제, 부모 형제간의 갈등 등, 말씀이 없이 이 모든 문제를 해결해나간다는 것은 불가능한 일입니다. 오직 하나님의 말씀을 내 안에 모시고 그 말씀에 의지하는 길뿐입니다.

청년이 무엇으로 그의 행실을 깨끗하게 하리이까
주의 말씀만 지킬 따름이니이다 시 119:9

중고등부를 맡아서 오래 봉사한 바 있는 아들에게 중고등부의 문제점을 물어보았습니다. 그 내용을 요약해봅니다.

· 학교 수업과 학원 공부를 우선순위로 하는 부모님
· 학교에서 느꼈던 소외감을 교회에서 풀어보려는 학생들
· 믿음의 감격을 느끼지 못한 채 모태신앙으로 매너리즘에 젖은 학생들
· 말씀과 기도에 무관심하고 이성과의 만남에만 관심이 있는 학생들
· 투철한 사명감 없이 마지못해 직분을 맡은 교사
· 부교역자의 독선, 부장이나 장로 혹은 집사의 비타협적 아집 등

우리의 힘으로 어찌 할 수 없는 외적 원인을 핑계 삼기보다 내적 원인을 찾아 그 대안을 세우는 데 힘을 기울여야 할 것입니다. 고정관념처럼 무서운 것은 없습니다. 교회교육은 공과를 잘 가르치면 된다는 안이한 고정관념을 버려야 합니다. 공과공부가 필요 없다는 것은 아닙니다. 공과공부가 교회교육의 전부여서는 안 된다는 것이지요. 교사가 일방적으로 학생에게 가르치는 'Teaching'에서 아이들이 말씀을 암송하도록 훈련하는 'Training'으로 바뀌어야 합니다.

아무리 뛰어난 암기력을 가졌다 해도 외운 말씀을 반복하지 않으면 저절로 잊어버리게 되어 있습니다. 매사에 지속이 성공의 관건이지만, 말씀암송을 지속적으로 해야 한다는 것은 절대적입니다. 교회학교에서 일단 암송한 말씀은 오래 반복하는 훈련이 필요합니다. 그럼에도 불구

하고, 교회학교에서 이 지속을 지키는 예는 거의 보지 못했습니다. 말씀을 한 번 암송하고 지속적인 반복 훈련이 없으면 이미 힘들여 암송했던 말씀을 다 잊어버리게 됩니다. 반복 또 반복하는 사이에 비로소 암송한 말씀을 삶 속에서 묵상할 수 있게 되기 때문입니다. 수많은 교회에서 암송교육을 하고 있다고 하면서 실상은 교역자나 교사조차 암송하고 있는 말씀이 거의 없습니다. 그러니 어찌 아이들에게 암송교육이 가능하다고 볼 수 있겠습니까?

나의 마음을 아프게 하는 것은 한국교회의 거의 모든 관심의 초점이 장년성경공부 혹은 장년의 위로와 격려에만 몰려 있다는 것입니다. 물론 그것은 필요하고 유익합니다. 그러나 거기에만 몰두하여, 자라나는 새싹들의 짧고 귀중한 교육 유효 기간에 말씀암송을 시키지 않고 순종교육을 시키지 않은 채 흘러 보내고 있다는 것이 문제입니다.

또한 안타깝기 이를 데 없는 것은 어쩌다가 거의 모든 영적 지도자들의 말씀암송에 대한 잘못된 고정관념의 골이 이토록 깊게 굳어져 있는가 하는 것입니다.

암송 목적에 합당한 한두 절씩 암송하는 것이 암송교육인 줄 알거나 혹은 노회나 총회가 주관하는 연중행사의 하나인 암송경연대회를 통해서 말씀암송교육이 이루어지는 것으로 착각하는 것이지요. 혹은 어떤 장로님이나 권사님, 집사님이 요한계시록을 다 암송한다거나 빌립보서를 다 암송한다거나 하는 식으로 하나의 자랑거리를 말씀암송으로 이해하고 있는 것입니다.

어떤 목회자의 고백대로 설교를 준비하면서 거기에 필요한 요절을 암송하여 힘 있는 설교를 하는 것이 암송교육인 줄 착각하는 경우도 있습니다. 말씀암송은 아무리 머리가 비상한 사람이라도 한두 번 혹은 서너 번 암송한 것으로는 결코 말씀을 즐겨 묵상하며 적용 실천하는 단계까지는 이르지 못합니다. 더욱 이 모두는 장성한 사람들의 이야기일 뿐 자라나는 세대와는 상관없는 일입니다.

우리의 꿈과 소망은 오직 어린 시절부터 말씀을 가까이 하며 즐겨 암송하여 말씀암송이 몸에 익혀져서 체질화하는 데 있습니다. 묘목 때 올곧게 자란 나무로 키우자는 것입니다. 신앙 교육 가능 기간은 점점 줄어들고 있습니다. 남자 아이는 초등학교 3학년만 되어도 세상의 사고방식이 굳어져서 말씀을 잘 받아들이려 하지 않습니다. 곧 사춘기의 반항기에 일찍 접어들고 있다는 것입니다. 여자 아이는 그보다 한두 해 더 빨리 사춘기를 맞게 되지만, 비교적 엄마의 말을 남자 아이보다는 잘 받아들이는 편입니다.

중고등부 학생에게는 이미 암송한 말씀 위에 해마다 15절 정도를 더 암송시켜서 200절을 자유자재로 암송묵상하게 만든다면, 참으로 놀라운 일이 일어날 것입니다. 그런 의미에서 나는 유초등부로부터 중학교 3학년까지 303비전꿈나무 모범생 으뜸모범생, 장학생 제도를 만들어 가정과 교회에서 부모님과 교사가 지속적인 암송훈련을 시키는 제도를 만들어 실천하고 있습니다.

청년의 날을 기뻐하라

청년실업자가 100만 명을 훌쩍 넘어섰다는 소식을 접합니다. 사회로 나가 자신들의 꿈을 펼쳐야 할 청년들이 사회에 나가지도 못한 채 꿈을 접고 있습니다. 이는 그리스도인 청년들도 피해 갈 수 없는 것일까요? 교회에도 청년수가 줄어가고, 부흥이 어렵다는 볼멘소리만이 들려옵니다. 그러나 만년 청년임을 자처하는 나에게는 청년이란 동경의 대상이자 흠모의 대상입니다. 나는 '청년' 이란 말만 들어도 가슴이 뜁니다. 청년이 나의 피를 끓게 하는 이유는 간단합니다. 청년은 그 피가 맑고 풍성하기에, 거의 무한한 가능성을 가졌기에, 청년은 황홀한 꿈을 품고 매진할 수 있기에 나는 청년을 사랑합니다.

주의 권능의 날에 주의 백성이 거룩한 옷을 입고 즐거이 헌신하니
새벽이슬 같은 주의 청년들이 주께 나오는도다 시 110:3

새벽이슬 같은 주의 청년들은 마땅히 사랑받아야 합니다. 새벽이슬 같은 청년이 많이 모여 예배드리는 교회는 보기에도 아름답습니다. 푸르른 대나무 숲처럼 생명력이 약동하는 듯 합니다. 찬양소리도 우렁차고 통성기도 시간에는 철광석도 녹일 열기를 내뿜습니다. 단기선교팀이나 봉사팀, 전도찬양팀도 활기가 넘칩니다.

그럼에도 불구하고 안타깝게도 청년 한 사람 한 사람을 만나보면, 대부분의 남녀할 것 없이 청년들에게서 외로움과 허전함의 눈빛이 감지되

며, 아픔과 불안의 그늘이 드리워져 있는 것을 발견하게 됩니다. 말씀암송훈련을 받은 한 청년은 이렇게 고백합니다.

"교회에서 청년회로 모여 찬양하고 기도할 때에는 예수님의 십자가의 보혈로 눈물 흘리기도 하고, 크리스천의 긍지와 사명을 느끼곤 하다가도 저녁에 집에 돌아와 조용히 눈을 감고 누워 있으면, 텅 빈 자신을 발견하게 되고, 내가 허상을 좇다가 돌아온 것 같은 마음이 들어 가슴이 허전해졌는데, 말씀을 암송하면서부터 왜 그랬는지 그 이유를 알 것 같아요."

주의 청년에게 마땅히 갖추어져 있어야 할 그 무엇이 결여되어 있기 때문입니다. 로마서 10장 17절 말씀처럼 믿음의 본질은 말씀인데, 이 말씀이 청년들의 영혼 속에 내재되어 있지 않기에, 그들은 믿음을 소유하지 못하고 있는 것입니다. 믿음을 갖기 원하지 않는 주의 청년은 없습니다. 또한 믿음을 가져야 한다고 강조하지 않는 교회도 없습니다.

안타까운 것은 믿음은 마음으로 원한다고 생기는 것이 아니라는 것입니다. 하나님의 말씀이 거하는 곳에 믿음이 있습니다. 하나님의 말씀을 모셔들인다는 것은 믿음의 기본조건이며 필요조건입니다. 말씀암송과 묵상은 믿음의 본질이요, 필수과정입니다. 아무리 입으로 "믿습니다"를 외치며 기도해도, 말씀암송과 묵상이라는 필수과정을 거치지 않고는 믿음이 자랄 수 없음에도 불구하고, 많은 청년들뿐 아니라 영적 지도자들까지도 암송교육을 피해가려 합니다. 이런 우리의 현실을 생각하면 가슴이 저려옵니다.

우리나라는 천만 명 이상이 예수님을 믿으며, 지금 전 세계에 선교사를 2만 명이나 파송하는 기독교 강국이라고 자랑하지만 청년들은 달이 가고 해가 갈수록 교회를 떠납니다. 비록 겉으로 주일성수를 한다 해도 믿음과는 상관없는 선데이 크리스천이 태반입니다. 열심히 믿는다고 하는 청년도 말씀을 사모하여 암송하고 이를 주야로 묵상하는 경우는 극히 드뭅니다. 중고등부, 유초등부, 영유아부와 다를 바 없이 문제를 이야기하는 사람은 많으나 대안을 이야기하는 사람은 적습니다.

여기에 미래를 대비하면서 새벽이슬 같은 주의 청년들을 복되게 하고 아름다운 교회부흥을 가져올 수 있는 지혜가 있습니다. 주의 청년에게 황홀한 꿈 '303비전'을 심어주는 것입니다.

새벽이슬 같은 주의 청년들이 303비전을 품고 말씀암송에 힘쓰게 되는 날, 그들의 눈에서는 소망의 빛이 발산되고, 입에서는 확신의 찬양과 기도가 터져 나오며, 그들의 삶은 기쁨과 경건으로 가득하고, 교회마다 생동감이 넘칠 것입니다. 주의 청년들이 말씀으로 충만해지면, 그들이 담당하는 교회학교 교육이 말씀암송 우선순위로 바뀌어 아이들의 믿음이 돈독하여질 것임은 명약관화한 일입니다. 또한 이런 청년 교사에게서 훈련받은 아이들은 동네에서 학급 친구들을 자랑스럽게 이끌고 교회로 달려와서 교회학교는 절로 부흥할 것입니다.

나에게는 젊은 형제자매와 함께 나누고 싶은 꿈이 있습니다. 여기 마음이 착한 미혼의 형제와 자매가 있습니다. 두 사람은 다 하나님의 말씀을 진실로 사랑합니다. 하나님의 말씀대로 살기를 원하여 새벽예배를 드리며 간절히 기도합니다. 어느 날 이 두 사람은 기적처럼 만나 사귀게 되었습니다. 두 젊은 형제자매는 이르는 곳마다 말씀의 생활화가 이루어진 황홀한 세상을 꿈꾸고 있습니다. 참기쁨과 참평화의 열매가 소담스럽고, 이웃사랑과 경건, 온유, 친절, 성실, 절제, 겸손의 향기로 가득한 세상을 만들어가는 꿈입니다.

찬송과 기도, 말씀읽기와 암송과 묵상으로 태교하여 낳은 아이들을 꿈꿉니다. 이렇게 태어난 아이를 유아기부터 말씀암송으로 자장가를 삼으며 유년기, 소년기, 청소년기를 꾸준히 말씀암송의 습관화에 우선순위를 두고 양육하면 어떤 품성의 사람으로 자라게 될까를 상상합니다. 젊은 엄마와 아빠가 주 안에서 서로 인격을 존중하며 말씀암송가정예배를 경건히 드리며, 진실로 서로 사랑하는 모습을 어려서부터 보고 자라게 하자는 꿈을 나누며 사랑이 깊어갑니다. 303비전의 꿈을 나누기를 원하는 젊은 자매와 형제가 모여서 서로 대화할 수 있었으면 얼마나 좋을까요?

인생의 마라톤에서 승리하는 청년

우리 젊은 크리스천은 어떤 분야에서든지 탁월한 실력으로 모든 경쟁에서 하나님의 명예를 걸고 정정당당하게 이겨야 합니다. 그러기 위하여 우리는 힘을 길러야 합니다. 하나님께로부터 받은 각자의 달란트를 십분 발휘하여 실력을 쌓아올려야 합니다. 우리를 보면 불가능하지만 믿는 자에게는 능치 못할 일이 없습니다(막 9:23). 기도하고 노력하면 주께서 책임져 주십니다. 그러나 보다 효과적이며 확실한 실력을 쌓아야 합니다. 제가 생각한 비결을 나누겠습니다. 인생의 마라톤에서 면류관을 얻기 위한 선배의 조언입니다.

몸을 튼튼하게 하라

인생은 마라톤 경기입니다. 꾸준히 쉬지 않고 달리기 위하여 건강해야 합니다. 건강한 몸에서 건전한 정신이 나옵니다. 보약을 먹고 건강을 바라는 것은 성경적이 아닙니다. 나는 지난 10년 동안 거의 매일 걷기와 상체 근력운동을 계속함으로 70대의 역삼각형 몸매를 꿈꾸며 즐겁게 삽니다.

주께서 기뻐하시는 일에 열중하세요. 그리하면 주께서 당신의 건강을 지켜주십니다. 이것은 과학입니다. 주께서 건강을 주시기 위하여 풍성한 엔돌핀을 공급하시기 때문입니다.

규칙적인 운동을 지속적으로 하세요. 걷기와 아파트 계단 오르기, 팔굽혀펴기, 줄넘기, 평행봉, 철봉, 탁구, 축구, 농구, 수영 중 즐겨 할 수 있는 한두 가지를 매일 또는 한 주에 몇 번씩 규칙적으로 실시하기를 권합니다.

배우는 일에 부지런하라

아는 것이 힘입니다. 배우지 않고 알 장사는 없습니다. 배우되 꿈을 품고, 부지런히, 열정과 집중력을 가지고 배우세요. 앞서 말한 4C, 곧 Confidence 자신감, Concentration집중력, Control자제력, Creativity창의력은 승리의 열쇠입니다. 이는 성경암송의 열매이기도 합니다.

겨울 태양광선도 볼록렌즈로 초점을 모으면 타지 않을 물건이 없습니다. 한 분야에 탁월한 지식을 쌓으세요. 여러 분야에 걸쳐 광범위한 지식을 쌓으려다 보면 얕게 널리 아는 상식은 풍부해질지라도, 깊고 좁은 전문지식 경쟁에서는 결코 이길 수 없습니다. 우리는 모든 분야에서 1인자만 살아남는 시대에 살고 있기 때문입니다.

배움에는 부끄러울 것이 없습니다. 모르면서 아는 체하다 보면 영영 낙오자가 되고 맙니다. 승리의 면류관은 겸손히 배우는 자를 기다리고 있습니다. 나는 손자손녀한테도 새로운 영어단어를 배웁니다.

영성훈련을 우선하라

치열한 경쟁사회에서 페어플레이로 당당히 면류관을 얻기 위하여 우리 크리스천은 우선 건강한 몸을 가꾸어가야 하며, 전문분야에서 탁월한 실력자가 되어야 합니다. 그러나 이에 앞서 높은 영성을 가꾸어야 합니다. 높은 영성을 가꾸기 위하여 먼저 하나님의 말씀을 사모해야 합니다.

성경말씀을 읽고 배우는 일도 귀하지만 암송하여 수시로 그 말씀을 묵상하는 훈련을 우선순위로 삼아야 합니다.

이렇게 체력, 지력, 영력을 조화롭게 길러야 합니다. 인생마라톤에서 승리의 면류관을 얻기 위하여 우리는 먼저 강건한 몸을 가꾸면서, 전문분야에서 일인자의 실력을 갖추어야 합니다. 그리고 무엇보다도 하나님과 항상 기쁘고 즐겁게 교통할 수 있는 영성을 길러야 합니다.

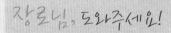

장로님, 도와주세요!

Question 전도하기가 점점 더 어려워요!

저는 교회에서 '전도폭발훈련' '태신자 전도운동' 등 여러 가지 전도법을 기획, 진행하고 있습니다. 그런데 훈련을 모두 마치고도 전도에 어려움을 호소하는 성도들이 많습니다. 특히 요즘 안티 기독교 바람이 거세어 직장에서나 학교에서나 이웃에게 복음을 전하는 것이 더 어렵다고들 합니다. 어떻게 하면 좋을까요?

Answer 전도에 대한 고정관념을 깨세요.

전도가 무엇이냐고 묻는다면 무어라 대답하시겠어요?

"전도는 영혼구원입니다."

"전도는 복음을 전하는 것입니다."

"전도는 죽어가는 영혼을 살리는 것입니다."

"전도는 예수 그리스도를 구주로 영접하게 하는 것입니다."

모두가 오십보백보지요. 이 답이 틀렸다는 것은 결코 아닙니다. 그러나 정답이라고 볼 수도 없습니다. 전도의 목적을 물었다면 위의 대답이 맞습니다. 그러나 전도의 뜻을 물었던 것이기에 위의 대답들이 옳지 않다는 겁니다. 우리는 전도의 목적을 전도의 뜻으로 착각하고 있습니다.

"전도는 믿는 사람이 진실과 사랑의 섬김으로 믿지 아니하는 사람 곧 전도대상자의 마음을 감동시켜서 스스로 교회에 등록케 하는 것이다"

다시 풀어 설명하면, 1차적으로 믿는 사람들의 진실어린 사랑의 봉사를 보고, 받고, 느끼면서 믿음이 없는 태신자가 일단 교회를 좋게 보게 되고, 성령의 감동을 받아 교회에 나와서 등록을 하는 것을 전도라 합니다. 그리고 그 새신자가 설교를 통해서 말씀을 듣고, 교육을 통해서 말씀을 배우고, 교회 활동에 참여하는 가운데 믿음이 생깁니다.

이제까지 전도에 대한 그릇된 고정관념을 깨뜨리고 나면, 전도가 얼마나 쉽게 느껴지는지 모릅니다. 물론 성령의 역사 없이는 사탄의 노예로 살아온 불신자의 마음에 강한 감동을 줄 수 없기에 전도하기 위하여 우리는 간절한 기도를 해야 합니다.

이슬비전도는 여리고작전(수 6:1-21)을 적용한 성경적 승리전도법입니다. 또한 예수님의 씨뿌리는 비유(마 13:1-23)를 적용한 성경적 감동전도법입니다. 나는 마흔이 넘어서 예수님을 영접한 늦깎이로서 성경말씀이 너무너무 좋아서 읽기만으로는 부족하여 암송하고, 이 암송한 말씀을 주야로 묵상하는 삶을 지속하다 보니 제가 읽을 수 있었던 어떤 신학자의 관주에서도 찾아볼 수 없는 하나님의 비밀을 주께서 퍼부어주셨습니다.

여리고작전 (수 6:1-21)

이스라엘 자손들로 인하여 여리고는 굳게 닫혔고
출입하는 자 없더라 수 6:1

여리고성을 불신자 혹은 태신자로, 이스라엘 자손을 믿는 성도 혹은 전도
자로 각각 적용할 때에 오늘날 믿는 성도 곧 전도자들로 인하여 불신자의
마음문이 굳게 닫혀져 있다는 사실을 알 수 있습니다.

여호와께서 여호수아에게 이르시되
보라 내가 여리고와 그 왕과 용사들을 네 손에 붙였으니 수 6:2

전도하기도 전에 이미 하나님께서는 전도대상자의 마음에 감동을 주사
전도자의 말을 잘 들을 수 있도록 하셨다는 것으로 적용이 됩니다.

너희 모든 군사는 성을 둘러 성 주위를 매일 한 번씩 돌되
엿새 동안을 그리 하라 수 6:3

여기서부터 작전 지시가 시작됩니다. 인간적인 생각으론 도저히 믿어지

지 않는 하나님의 명령이지만, 여호수아와 이스라엘 군사들은 그 명령대로 준행했고, 여리고성은 함락되었습니다. 이 여리고작전의 핵심은 우선순위에 있습니다.

서구에서 개발된 복음 제시 전도법은 복음 제시가 우선순위인데 비하여 여리고작전 전도법은 태신자의 마음문을 여는 데 우선순위를 둔다는 데 큰 차이점을 보입니다. 굳게 닫혔던 마음문이 열렸을 때 복음을 심는 것입니다.

4절부터 21절까지 자세히 기록된 내용을 적용하여 이슬비전도법이 개발되었습니다. 먼저 이슬비전도편지를 만들었습니다. 6일 동안 매일 한 번씩 여리고성을 돌았고, 마지막 7일째는 7번을 돌았기에 7장을 한 세트로 만들었고, 그 내용은 공격적이지 않고 도리어 사랑의 메시지를 담았습니다. 7일 동안 전투 대신 심리전으로 여리고성 사람들의 마음을 흔들었듯이, 7주 동안은 예수님을 믿으라든지, 교회 나오라는 말은 하지 않고, 어려운 삶을 위로하면서 은근히 예수 믿는 행복한 사람들의 예화를 실어주었습니다.

7주 동안 편지만 보내는 것이 아니라, 두세 차례 보낸 다음에 지혜롭게 전화 혹은 방문하여 사귐의 기회를 만듭니다. 작은 선물을 들고 찾아가기도 하고, 음식점에서 함께 식사도 합니다. 대화는 말하기preaching보다 들어주기listening로 돈독한 사귐을 갖습니다.

이때에 전도폭발훈련을 받았다든지 혹은 말씀암송훈련을 받은 사람이라면 자연스럽게 하나님의 말씀으로 감동을 줄 수 있습니다. 그렇지 못한 경우라면 미소로 열심히 태신자의 말을 들어주기만 하면 됩니다.

편지는 대상에 따라 현재 120종이 개발되어 있으므로, 7주 동안 보냈는데도 반응을 보이지 아니하면, 한두 주 쉬었다가 다른 것으로 다시 보내기를 지속하면 언젠가는 여리고성의 철옹성 같은 마음문이 열리게 되고 교회에 자발적으로 등록하게 됩니다. 육신의 생명도 10개월의 임신 기간이 있는데 영적으로 죽었던 영혼을 살리는 일에 조급한 마음은 금물입니다. 오직 진실과 사랑으로 끈기 있게 편지를 보낼 때에 태신자가 감동을 받아 교회에 나오게 됩니다.

옥토화작전 (마 13:1-23)

옥토화작전을 가리켜 '좋은 땅 만들기' 라고도 합니다. 예수님께서 마태복음 13장에서 많은 비유로 말씀하셨을 때 제일 먼저 든 비유이며, 마가복음(4:1-20)과 누가복음(8:4-15)에도 기록된 비유입니다.

길가, 돌밭, 가시밭, 좋은 땅 이 네 가지의 땅에 뿌려진 씨앗의 비유로서, 우리가 주목할 것은 예수님의 비유를 듣고 제자들이 다시 물었으며, 예수님은 다시 구체적으로 설명을 해주셨다는 것과 다음의 말씀들입니다.

귀 있는 자는 들으라 하시니라

대답하여 가라사대 천국의 비밀을 아는 것이 너희에

게는 허락되었으나 저희에게는 아니되었나니 마 13:9,11

예수님의 이 비유의 말씀을 전도에 적용하며 묵상하는 가운데, 길가나 돌
밭이나 가시밭이라도 좋은 땅으로 먼저 만들어 씨를 뿌리면 100배의 열매
를 거둘 수 있다는 사실을 발견할 수 있었습니다. 곧 전도의 우선순위를
씨를 뿌리는 데 두지 아니하고, 많은 열매를 거둘 수 있는 좋은 땅 만들기
에 둔다면 놀라운 전도법이 개발될 수 있으리라는 기대감이 생겼습니다.
따라서 서둘러 말씀의 씨를 뿌리려 하지 말고 천천히 모든 땅을 좋은 땅
으로 만든 연후에 씨를 뿌리는 좋은 땅 만들기, 곧 옥토화작전 전도법이
개발된 것입니다.

이리하여 여리고작전과 옥토화작전은 둘 다 종래의 말씀선포 우선순위
에서 말씀을 받아들이는 마음밭을 옥토로 만드는 데 옥토화 우선순위를
두는 것으로 바뀌었다는 것입니다. 마음의 문을 자연스럽게 연 다음, 말
씀을 심어 100배의 열매를 맺는 지극히 성경적이면서 심리학적이며 나아
가 인정이 많은 한국적인 신토불이身土不二 전도법으로 자리 잡게 된 것
입니다.

부모가 꾸어야 할 아름다운 꿈

꿈이 없으면 나라도, 단체도, 개인도 희망이 없습니다. 꿈이 있는 곳에 생기가 있고, 성장이 있습니다. 꿈이 있는 사람은 절망하지 않습니다. 노인이나 젊은이나 꿈이 있어야 살맛이 납니다. 몸은 백발이라도 꿈이 있으면 생기가 돌고, 젊은이라도 꿈이 없으면 죽은 몸이나 다를 바 없습니다.

꿈이 있어야 하되 진실한 꿈이어야 하고, 하나님을 기쁘시게 하는 꿈이어야 합니다. 오늘은 어제보다 낫고 내일은 오늘보다 나아지는 꿈, 오늘은 수고로워도 내일이 약속된 꿈이어야 합니다. 생산적이고 창조적인 꿈, 무에서 유를 일으키는 꿈, 지금은 어려워도 내일의 번성을 바라보는 꿈을 가리켜 아름다운 꿈이라 하겠습니다.

부모의 꿈은 하나님께서 양육을 위임하신 하나님의 자녀들을 말씀대로 키우는 꿈이어야 합니다. 그들에게 부모의 삶의 본을 통해 가르치는 꿈이어야 하고, 간절한 기도와 진정한 사랑으로 자녀를 기르는 꿈이어야 합니다.

아무리 아름다운 꿈이라 할지라도 그 실천을 위한 우선순위에 따라 실현성 여부가 가늠됩니다. 그렇다면 우리의 아름다운 꿈을 실현하기 위한 지혜로운 우선순위는 무엇일까요.

우선 서둘러서는 안 됩니다. 서두르다보면 정도正道를 벗어나기 쉽기 때문입니다. 무슨 일이든지 정도가 아니면 거짓이 되기 쉽습니다. 거짓은 열매를 맺지 못합니다. 참은 비록 더딜지라도 반드시 열매를 맺습니다. 백년을 내어다보아야 합니다. 그러나 백년의 장기 계획을 세우기란 결코 쉽지 않습니다. 특히 속도의 시대에는 더욱 그러합니다. 그러나 한 나라의 문화는 말할 것도 없거니와 한 가정은 아버지, 아들, 손자, 증손자 3,4대에 이르러서야 비로소 가풍家風이 서게 됩니다.

우리의 가장 슬픈 현실은 오늘의 기성세대가 한결같이 기독교교육으로 양육되지 못했다는 것입니다. 백지 같은 새하얀 어린 심령 속에 하나님의 말씀이 자리하도록 양육될 처지가 아니었습니다. 도리어 자제력을 갖추지 못한 부모들 밑에서 깊은 상처를 안고 자랐기에 성장한 뒤에 예수님의 교훈을 따르려면 얼마나 힘이 드는지 모릅니다.

그러므로 믿는 가정에서는 부모, 특히 어머니가 하나님의 말씀을 사모하고 힘써 외워서 자녀에게 어려서부터 예수님의 도를 가르쳐야 합니다. 성경을 외우다보면 자녀교육은 물론이거니와 말씀의 참 맛을 깨닫게 되며, 먼저 엄마 자신이 중생重生의 체험을 하게 되고, 인격이 변함에 따라 남편과 자녀, 이웃까지 변화시키는 역사가 일어나게 됩니다.

이보다 더욱 바람직한 것은 태교를 말씀암송으로 하는 것입니다. 내가 지도한 암송학교 한 집사님은 교육을 마치면서 농담반 진담반으로 "다시 아기를 가져 태교를 말씀암송으로 하여 낳아보고 싶은 마음" 이라고 했습니다.

나는 결혼을 앞둔 젊은 남녀들에게 아름다운 꿈을 가지라고 말합니다. 실제로 주례를 부탁받을 경우 반드시 예비 신랑신부를 오라 하여 "세 가지 아름다운 가정의 꿈"을 가르칩니다. 그리하여 결혼식 때에 주례자로서 신랑신부에게 예습한 아름다운 꿈을 한 가지씩 물어 확인합니다. 뿐만 아니라 결혼 후 반드시 신부는 암송학교에 입학하여 100절 이상 말씀을 암송하게 합니다.

우리는 하나님 중심의 가정, 예수 그리스도 중심의 가정의 꿈을 가꾸어야 합니다. 남편도 아내도 아닌 오직 하나님을 기쁘시게 하는 가정, 주 안에서 서로 사랑하는 부부가 되어야 합니다. 부모에게 효도하되 주 안에서 하고, 무엇보다 자녀를 사랑하되 주의 말씀을 가르치는 것을 제일로 해야 합니다. 우리의 꿈은 우리 당대에 머무르지 않고, 자녀의 자녀 또 그 자녀의 자녀에 이르는 꿈입니다.

1964년에 미국의 마틴 루터 킹 목사는 "I have a dream나에겐 꿈이 있습니다"을 설파하여 흑인들에게 무지갯빛 꿈을 심어주었습니다. 그 요지는 간단합니다. 흑인의 자녀와 백인의 자녀가 한 상에서 밥을 먹고, 한 마당에서 뛰어노는 것입니다. 당시로서는 그야말로 구름잡는 꿈으로 받아들여질 수 있었습니다. 그러나 그후 50년도 못 되어 미국인들은 흑인 대통령을 선출했습니다. 이렇듯 인류 역사는 창조적 소수Creative Minority에 의해 세워져왔습니다. 이와같이 우리의 '303비전'도 50년 안에 이루어질 것입니다. 그때가 되면 우리나라는 세계를 올바로 이끌어 갈 영적 지도국이 될 것입니다. 또한 경제, 정치, 사회, 문화 일반에 걸쳐 세계는 우리로 말미암아 신령한 복을 받게 될 것임을 믿습니다.

일어나라 빛을 발하라 이는 네 빛이 이르렀고
여호와의 영광이 네 위에 임하였음이니라 사 60:1

말씀암송 자녀교육

초판 1쇄 발행   2009년 5월 22일
초판 24쇄 발행   2024년 12월 6일

지은이   여운학

펴낸이   여진구
편집   이영주 박소영 최현수 구주은 안수경 김도연 김아진 정아혜
책임디자인   마영애 노지현 조은혜
기획·홍보   진효지
마케팅   김상순 강성민   마케팅지원   최영배 정나영
제작   조영석 허병용   경영지원   김혜경 김경희

303비전성경암송학교
이슬비전도학교 / 303비전성경암송학교 / 303비전꿈나무장학회

펴낸곳   규장

주소   06770 서울시 서초구 매헌로 16길 20(양재2동) 규장선교센터
전화 02)578-0003   팩스 02)578-7332
이메일 kyujang0691@gmail.com   홈페이지 www.kyujang.com
페이스북 facebook.com/kyujangbook   인스타그램 instagram.com/kyujang_com
카카오스토리 story.kakao.com/kyujangbook
등록일 1978.8.14. 제1-22

책값   뒤표지에 있습니다.
ISBN 978-89-6097-126-4 03230

규 | 장 | 수 | 칙

1. 기도로 기획하고 기도로 제작한다.
2. 오직 그리스도의 성품을 사모하는 독자가 원하고 필요로 하는 책만을 출판한다.
3. 한 활자 한 문장에 온 정성을 쏟는다.
4. 성실과 정확을 생명으로 삼고 일한다.
5. 긍정적이며 적극적인 신앙과 신행일치에의 안내자의 사명을 다한다.
6. 충고와 조언을 항상 감사로 경청한다.
7. 지상목표는 문서선교에 있다.

하나님을 사랑하는 자 곧 그의 뜻대로 부르심을 입은 자들에게는 모든 것이 合力하여 善을 이루느니라(롬 8:28)

규장은 문서를 통해 복음전파와 신앙교육에 주력하는 국제적 출판사들의
협의체인 복음주의출판협회(E.C.P.A:Evangelical Christian Publishers
Association)의 출판정신에 동참하는 회원(Associate Member)입니다.

아빠의 십계명

1. **아빠**는 말씀을 사모하는 마음으로
   날마다 즐겁게 반복 암송해야 한다.

2. **아빠**는 성실한 삶의 본을 보이며
   아내와 자녀에게 칭찬과 격려를 아끼지 말아야 한다.

3. **아빠**는 암송가정예배에 동참하기를 힘쓰고
   자녀 축복권을 행사해야 한다.

4. **아빠**는 아내의 잉태를 하나님께 감사하며,
   아내를 평안하게 해야 한다.

5. **아빠**는 가족의 생계와 건전한 신앙생활에 대한
   책임의식을 지녀야 한다.

6. **아빠**는 아내의 말씀암송태교에
   적극적으로 협조해야 한다.

7. **아빠**는 자녀 앞에서
   늘 아내에 대한 사랑을 보여주어야 한다.

8. **아빠**는 자녀를 편애하거나
   자녀의 마음에 상처가 될 말은 하지 말아야 한다.

9. **아빠**는 아내와 자녀에게 한 약속은 꼭 지켜야 하며,
   실수했을 때 즉시 정중히 사과해야 한다.

10. **아빠**는 중요한 결단을 기도와 말씀으로 내리는 모습을
    자녀에게 보여주어야 한다.

엄마의 십계명

1. **엄마**는 말씀을 사모하는 마음으로
   날마다 즐겁게 반복 암송해야 한다.

2. **엄마**는 새벽마다 아빠의 일과
   자녀의 이름을 불러 기도해야 한다.

3. **엄마**는 자녀와 함께 날마다
   암송가정예배를 즐겁게 드려야 한다.

4. **엄마**는 자녀에게 칭찬과 격려를
   아끼지 말아야 한다.

5. **엄마**는 자녀에게 기쁘고 즐거운
   삶의 본을 보여주어야 한다.

6. **엄마**는 말씀암송태교로
   많은 자녀를 낳아 길러야 한다.

7. **엄마**는 자녀 앞에서
   아빠의 인격을 존중해야 한다.

8. **엄마**는 자녀를 편애하거나
   자녀의 마음에 상처가 될 말은 하지 말아야 한다.

9. **엄마**는 자녀에게 한 약속은 꼭 지켜야 하며,
   실수했을 때 즉시 정중히 사과해야 한다.

10. **엄마**는 어려운 문제가 닥쳤을 때 묵묵히 기도로
    승리하는 모습을 자녀에게 보여주어야 한다.